口絵 1　『熱帯の果物（*Fruits of the Tropics*）』（カリアー＆アイヴス社, 1871 年）. アメリカ議会図書館.

口絵 2　ロビボンド比色計（1888 年）. 国立アメリカ歴史博物館（Division of Medicine and Science）.

口絵 4　1886 年にカリフォルニア州で創業した缶詰会社デルモンテの広告．この広告では，缶詰の横に果物の桃が色鮮やかに描かれており，缶詰の中身を想像させるとともに，新鮮さを視覚的にアピールしている．『*Good Housekeeping*』(1918 年 4 月号)．

口絵 5　オレンジを輸送する木箱に貼られたクレートラベル．カリフォルニア州サンタ・ポーラで生産されたオレンジであることが明記されている．国立アメリカ歴史博物館(Division of Medicine and Science)．

口絵 3　右上にある「見附」とは現在の静岡県磐田市付近のことで，蕎麦の名所として知られていた．ここには東海道を通る旅人が蕎麦をすする風景が描かれている．葛飾北斎『東海道五十三次　見附』(1804年)．慶應義塾．

口絵 6　1930 年代，フロリダ産オレンジのブランド「シールドスイート」の販促用冊子．色鮮やかなオレンジ色の果実とともに，灰色のくすみがあるオレンジが描かれており，皮の色は味の良し悪しに影響しないことを示唆している．自社商品を用いたレシピを収録したこのような冊子は，主に 20 世紀前半，多くの企業が販促の一つとして用いた．国立アメリカ歴史博物館(アーカイブセンター，プロダクトクックブックコレクション)．

口絵 7　アメリカで20世紀初めから半ばに人気を博したデザート「ジェロー」の広告．お湯を混ぜて固めるだけでゼリーができるという簡便さのみならず，様々なフレーバーと色を取り揃えていたことも人気を集めた理由の一つである．『*Good Housekeeping*』(1911年11月号)．

口絵 8　化学メーカーのデュポン社による透明フィルム(セロファン)の広告．買い物客が透明のフィルム越しに肉を見る様子が描かれるとともに，現在では当たり前となった客自らが冷蔵ケースから商品を取りレジに持っていくセルフサービス方式が，いかに便利であるかを説明している．『*Saturday Evening Post*』(1949年)．ハグリー・ミュージアム＆ライブラリー．

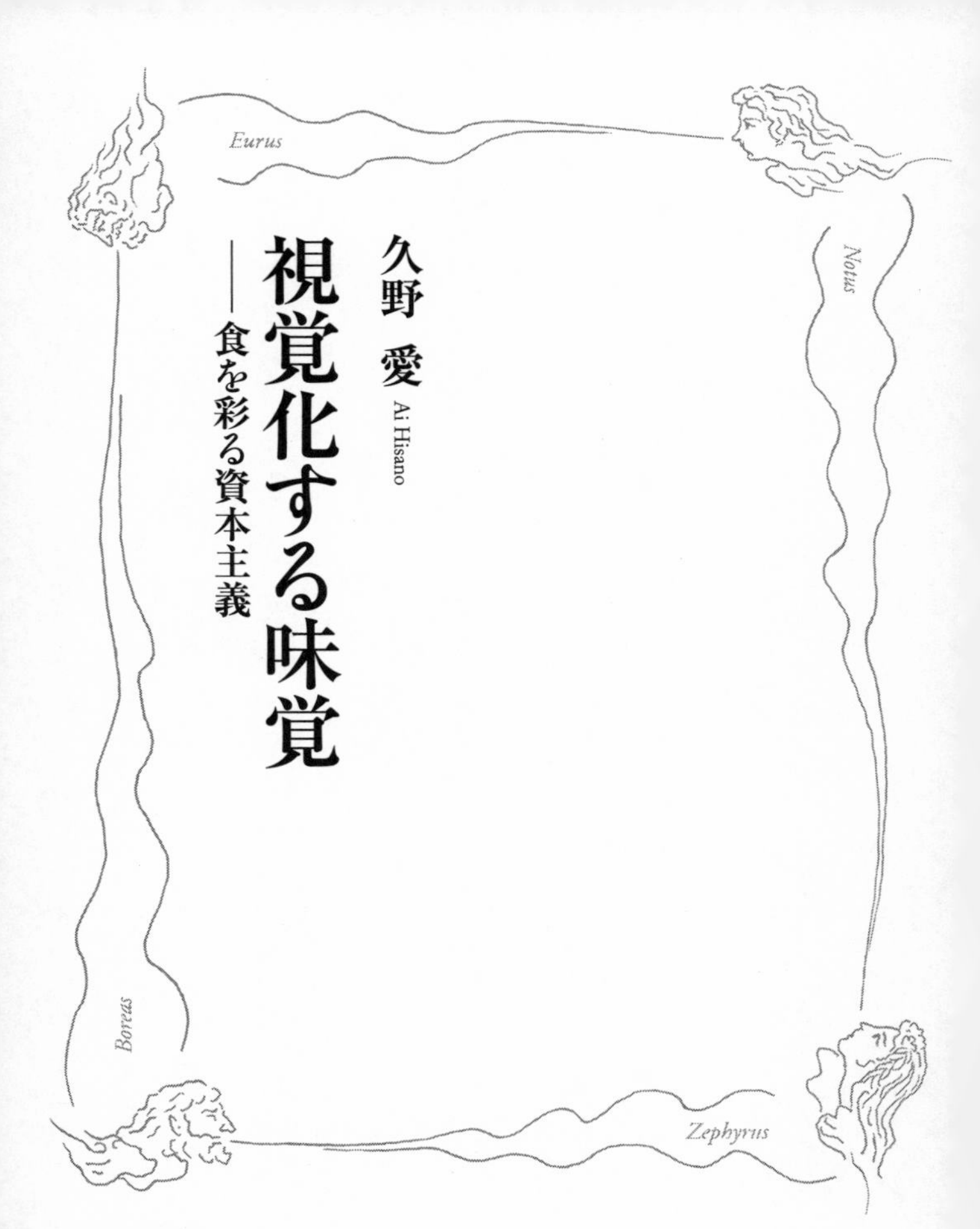

視覚化する味覚

——食を彩る資本主義

久野 愛
Ai Hisano

岩波新書
1902

まえがき

口絵1に描かれている果物を見て何か気づくことはあるだろうか。真ん中向かって右側にはレモンやオレンジなどの柑橘類、左側にはブドウとパイナップル。真ん中にはバナナが横たわっている。どれもスーパーでよく見かけるお馴染みのものかもしれない。この絵は、アメリカで一八七一年に印刷会社のカリアー&アイヴス社が制作した『熱帯の果物(*Fruits of the Tropics*)』というタイトルのリトグラフである。リトグラフとは版画の一種で、部屋に飾るインテリア用絵画として主に中産階級向けに販売され人気を集めた。私は、この絵を初めて見た時、一五〇年も前に描かれた果物が、今とさほど変わらない形や色をしていることに驚かされ、当時の人々も自分たちと同じような食べ物を見たり食べたりしていたことを不思議に感じたりもした。

絵のタイトルにある「熱帯」とは、ここでは主に中南米や、フロリダ州、カリフォルニア州を指しているのだが、これらの地域は、単に温暖な土地であるというだけでなく、一九世紀のアメリカでは、余暇を過ごす「パラダイス」というイメージでもって語られることが多かった。

こうしたイメージは、中南米におけるアメリカの政治的・経済的覇権の拡大や、フロリダ・カリフォルニア両州の合衆国領土への併合といった歴史的背景から、帝国主義的関係の中で作り出されたものでもあった。

カリフォルニア・フロリダ両州は、アメリカにおける柑橘類の一大生産地であり、カリフォルニアでは、ブドウの生産も盛んに行われていた。また、中南米ではバナナやパイナップルの生産が拡大しつつあった。『熱帯の果物』が制作された一八七〇年代は、ようやく冷蔵技術や長距離輸送技術が発達し始めた頃で、こうした「熱帯」からの果物が次第に国内全土で広まろうとしていた。だが依然として高価な食べ物で、一般の人々が普段の食事で口にすることは稀だった。そうした珍しい果物を描いたのがこのイラストである。

現代の私たちにとっては見慣れたものとなったこれらの果物だが、よく見るとその中に違和感を感じるものが一つ。バナナの色に注目してほしい。私たちが普段目にする黄色いものの他に、赤茶色のバナナが見える。熟して茶色くなったバナナだと思った読者もいるかもしれないが、そうではない。このバナナは、通称「レッドバナナ」と呼ばれ、茶系もしくは赤紫色に近い皮をした品種である。一八四〇年代、初めて中南米からアメリカへバナナの輸出が始まったのだが、それから一九世紀末頃までは、レッドバナナと黄色いバナナの少なくとも二種類がアメリカでは販売されていた。そのため、当時の人々にとっては、どちらのバナナも違和感なく受け入れられる「正しい」色であった。だが次第に、アメリカへの輸出用バナナは黄色い品種のみが生産されるようになったのである。時代はもっと後になるが、日本では一九〇三年(明治三六年)に商業的なバナナの輸入が始まり、主に台湾産の黄色いバナナが取引されていた。その後、エクアドルやフィリピンからのバナナが主流となったものの、アメリカと同様、黄色いバナナが八百屋やスーパーの棚を独占してきた(なぜ黄色だけになったのか、その謎は第四章で)。

似たような事例は他にもあり、例えばトマト。何色を思い浮かべるだろう。スーパーで一般的に目にするのはほとんどが赤いトマトで、それが自然な、もしくは普通の色だと思う人も多いのではないだろうか。しかし、歴史を遡って見てみると、紫に近い色や黄色いものなど数多くの品種が存在し、色や形、そして味や食感も様々である。

現代の色彩豊かな視覚環境の中で、色を意識して見たり考えたりすることはあまりないかもしれない。例えば、トマトは赤く、バナナは黄色いものが「正しい」色とされ、それが自然な色だと疑わない。だが実は、私たちが「当たり前」だと思う食べ物の色は、自然と人工の間で作り出されてきたものでもあるのだ。

なぜ人は、ある特定の色をその食べ物の「自然な」色だと思うようになったのだろう。また、なぜ今日、スーパーで見かける品種・色は限定的で画一的なのだろうか。さらに、食べ物の色に表れる美意識や意味に文化差はあるのだろうか。

本書は、部分的ながらも、これらの疑問に答えるものである。一九世紀末まで遡り、私たちが目にする世界がどのように作り出されてきたのか、食べ物の色に焦点を当てながら、その歴史を探る。

例えば、農作物や肉・魚は、品種によって色や味が異なっており、一般的に市場で流通する品種は、国や地域によって様々である。こうした品種の違いやそれ固有の色や味は、気候条件やその品種の生体的特徴のみならず、生産・輸送技術や経済性など様々な要因に左右される。さらに興味深いのは、多くの消費者が普段当たり前に目にするようになった食べ物の色は、生産者らが様々な手法を用いて、よりおいしそうに、また自然に見えるように作り出したものでもあることだ。本書では、そうした技術的、経済的、さらに政治的、文化的変化が、どのように食べ物の色を決定づけてきたのか考えていきたい。

洋服や自動車、化粧品など他の消費財とは異なり、食べ物の場合、トマトの赤やバナナの黄色のように、多くの消費者は、ある程度その食べ物の「あるべき」色を想定して買い物をしたり、食事をしたりしている。青やピンクのカラフルなシャツを買うことはあっても、紫色のキュウリやピンク色のバナナなどは(少なくとも日常的には)期待していない。突然、真っ青なトマトが陳列棚に置かれていたら戸惑ってしまうだろう。果物や野菜、肉や魚の色は、食べ頃や熟し具合、新鮮さを見分けるための重要な指標でもあり、普段の買い物では、色を見てどの商品を購入するか決める人も多いかもしれない。だからこそ、農業生産者や食品加工業者らは、その食べ物の「自然な」色を再現し、時には「自然よりも自然らしく」見せるための技術やマーケティングに多大な資金と労力をかけてきた。消費者の視覚に訴えることは、すなわち購買アピールにつながるからである。

色は、味や形など食べ物が持つ特徴のうちほんの一部ではあるものの、人の食欲をかき立てる(時には逆に失せさせる)。単なる物理的な食べ物の見た目であるだけでなく、自然と技術とが交錯し、味覚と視覚が絡み合い、そして生産者や消費者、さらには政府がせめぎ合う諸相でもあるのだ。

食べ物の色がどのように作り出されてきたのかを探るにあたって、本書では色を二つの側面から考える。一つは着色料や農産物の生産過程の調整など、実際の食べ物の色を作り出す技術や方法といった物理的な側面。もう一つは、人がある食べ物の色をどのようにして「当たり前」だと思うようになったのかという、認識的側面である。例えば、料理本や企業の宣伝広告に印刷されたイラストは、多くの人々に食べ物のあるべき色を視覚的に伝える役割も果たしていた。冒頭の『熱帯の果物』なども同様で、印刷技術の発達で印刷物の大量生産・大量流通が可能となったことで、多くの消費者が目にし、「当たり前」の色という認識や感覚が共有されるきっかけにもなったのである。これら物理的および認識的な色の構築は密接に関わっており、人工的に作り出された食べ物の色が人々の認識に影響を与える一方で、多くの人が共有する「自然な」色という認識が、翻って食品生産者らによる色作りを規定してきた側面もある。

ここで「自然な」色という時、それは、人々がイメージする食品の「あるべき」色という意味で、本書では「当たり前の」色とほぼ同義に用いている。よって、自然に(人工的な操作なく)出現した色という意味ではない。ここで注意してほしいのは、この自然な色やあるべき色という概念は、ある時代や場所において、人々が自然・あるべきだと考えるようになった色である。グローバル化が進み、食べ物が国を超えて手に入るようになった今日、おいしい色や自然な色は万国共通のもののようにもみえる。だが実際には、どんな色が食べ物の自然な色なのかは、時代によって変化し、国・文化によっても異なっている。また、食べ物の色を物理的に操作するにあたっての企業や政府の対応、そして消費者の反応は様々である。そのため、食べ物の色は、非歴史的で地理的にユニバーサルなものではなく、特定の時代と場所にユニークな歴史的構築物として捉える必要がある。

一九世紀半ばから後半にかけて、食品産業や化学産業の拡大、缶詰のような食品加工技術の発達、農業生産の機械化や市場拡大は、産業構造や食品生産のみならず、人々の食生活を大きく変えた。また、工業化・都市化に伴う社会変化、例えば女性の社会進出などで、家庭における食事作りのあり方も変化してきた。そこで本書では、一九世紀末以降の産業の発達や工業化、大量消費社会の台頭の中で作り出されてきた食べ物の色に着目するため、主にアメリカに焦点を当てる。アメリカは、一八七〇年代以降、他国に先駆けて大量生産、大量消費が拡大した国であり、食べ物の色の歴史を探る上で有用な示唆を与えてくれるからである。その比較対象として、日本やヨーロッパ諸国の事例にも随時触れることになる。こうした歴史的背景を踏まえ、食べ物の色の商業的価値や文化的意味がいかに作り出され、変化したのかを考えていく。

大量消費社会の拡大と工業化を背景に構築されてきた食べ物の色は、私たちに何を教えてくれるのだろうか。第一章以降で詳述するが、ここでは簡単に着色料の開発を例にみてみよう。食品の着色は、古代エジプトの時代から人類の歴史を通して長く行われてきたものである。一九世紀末以降、アメリカをはじめ多くの国々で加工食品が出回るようになると、食品の大量生産や市場の拡大とともに、着色料の使用は食品生産過程の一つにも組み込まれるようになった。そして、合成着色料に代表される技術発達により、「自然」に見える色を人工的に作り出すことは、食品業界の中で不可欠な企業戦略の一つとなったのである。二〇世紀転換期から第二次世界大戦後にかけて、食品加工技術の発達に伴い、拡大する合成添加物の使用は、生産者および消費者に簡便性を与えた一方で、健康被害も拡大させた。そして二〇世紀後半には、環境問題への関心の高まりともあいまって、大量消費社会、そして資本主義システムに異を唱える消費者運動の拡大へとつながっていった。このような消費者意識の変化は、アメリカ連邦政府の食品規制や食品企業の生産・マーケティング戦略にも影響を与えたのである。

こうして作られた食べ物の色は、新たなビジネス戦略や技術開発を生み出しただけではない。それは人と食の関係を大きく変えるものでもあった。例えば、レモン味のキャンディーやイチゴ味のジュースは、自然界に存在する実際のレモンやイチゴの色とは似て非なるものである(味や香りも実際のレモンやイチゴとは異なる)。だが、そうした人工的に作られた色(や味・香り)を日常的に目にし、口にすることで、レモンやイチゴの色や味だと認識するようになる。一方で実際のレモンは、満遍なく黄色く色づいた果実になるよう栽培される。つまり、果実のレモンは人々が正しいと考える色になるように作られ、キャンディーはその作られた色をさらに模倣しているのだ。これにより、本当のレモンとそれを模したレモンの色や味の境界が曖昧になる。人工的に作り出された世界が自然の一部となり、技術者や科学者、マーケター、農業生産者、政府関係者、消費者ら様々な人々が拮抗し合う中で、新たな自然観が生み出されてきたのである。

食べ物の色の構築の過程やその変化に目を向けることは、資本主義経済、特に消費主義社会の拡大とその変化を通して、感覚(ここでは主に味覚と視覚)の歴史を考えるものでもある。もちろん感覚は、個々人が身体的な刺激によって感じるものであり、その感じ方は人それぞれであるし、人々の感覚受容や身体の働き自体が歴史的に大きく変化してきたわけではない。しかし、五感を通して感じ取る周辺環境—例えば音や臭いなど—は変化しており、その環境をどのように認識・理解するかは、時代とともに変化してきた。例えば、アメリカにおける一八七〇年代以降の鉄道網の拡大で、それまで人々が聞いたことのなかった汽笛の列車音が生活の一部となった。アメリカの哲学者・作家のラルフ・ワルド・エマソンやナサニエル・ホーソーンらは、今日では単に騒音とされることの多い列車音を文明の到来や資本主義の象徴として記している。資本主義経済の発展は、技術革新や大量生産・大量消費を特徴とする消費主義経済の拡大とともに、人々の五感に大きな変化をもたらしたのである。

五感の構築が資本主義システムの一部である以上、労働者の搾取や自然環境への影響など工業化や技術開発が孕む様々な問題と切り離すことはできない。例えばこれは、冒頭で挙げた果物の絵からも読み取ることができる。『熱帯の果物』が印刷された一九世紀末のアメリカでは、多くの静物画が描かれるとともに、果物の絵が描かれた皿が多く出回るなど、果物をモチーフにしたデザインが流行していた。人々は、カラフルで華やかな果物の絵を楽しむとともに、遠く離れた「熱帯」の地に想いを馳せたかもしれない。だがそうした明るいイメージの裏には、中南米のバナナプランテーションで搾取される労働者やカリフォルニアのブドウやオレンジ農場で働く移民たちの姿、また、大規模生産や工業化の影響で破壊された自然環境などが隠れてもいる。多種多様な「熱帯の果物」がアメリカ市場に届けられ、生産地から遠く離れた都市に暮らす消費者が甘い果物に舌鼓を打ち、これまで経験したことのなかった味覚に出会う陰で、資本主義経済に翻弄される人々の汗が流されていたのである。

食べ物の色の歴史をひもとくことは、食品の生産と消費に関わる多くの人々の関係や、色を作り出す技術・マーケティング戦略・政治的判断、そして倫理的問題についても考えることなのだ。したがって、私たちの社会・生活がいかに生まれてきたのかをより深く知る手がかりにもつながると考えている。本書を通して、経済・政治・社会の複雑な絡み合いが少しでも明らかになり、そして何より普段の生活の「当たり前」に疑問や好奇心を持つことの面白さや大切さを読み取っていただけたなら本望である。

本書は三部からなり、まず、第一部(第一章から第三章)で、一九世紀末から二〇世紀初頭のアメリカにおける技術的・社会的変化に目を向け、食品の色が作り出されてきた歴史的背景を、大量生産や資本主義社会の拡大とともに考えていく。続く第二部(第四章から第七章)では、食べ物の色が作られる「場」―食品の生産現場(農場・食品加工工場)・消費と調理の場(家庭)・売買の場(小売店)―に注目をし、それぞれの場で、どのように・誰が食べ物の色を作り出してきたのか、またその社会的・歴史的意味についてみることとする。そして食品の生産から消費までの全てのプロセスの中で、色がいかなる役割を果たしてきたのかを明らかにする。本書を締めくくる第三部(第八・九章)では、一九六〇年代から現代までのアメリカ、そして日本社会に目を向ける。大量消費社会への反発が社会運動として表面化してきた時代に、食べ物の色の意味がいかに変化したのか、さらに、デジタル化が急速に拡大してきた今日、感覚が私たちの生活にどのような役割を果たしうるのか考えていく。

歴史を掘り起こす作業は、地道で時に非常に孤独なものである。それを乗り越え本書刊行までこぎつけられたのは多くの人々からの激励と協力があったからである。思えば、食べ物の色の歴史研究という構想は、デラウエア大学で博士論文に取りかかり始めた二〇一一年頃まで遡る。研究者・歴史家・教育者として私を育ててくださった同大学のスーザン・ストラッサー名誉教授、感覚史という分野に導いてくださったデービッド・スースマン准教授、経営史研究の可能性を教えてくださったロジャー・ホロヴィッツ教授、食文化研究の深みと広がりを教えてくださったメリーランド大学のウォーレン・ベラスコ名誉教授には、博論執筆中から本当にお世話になった。自分の研究と向き合い捉え直すヒントを与えてくださったハーバードビジネススクールのジェフリー・ジョーンズ教授からは、惜しみない協力と励ましをいただいた。私が文化史研究に興味を持ち、研究者を志したのは、大学に入学して間もなくの頃からお世話になっている東京大学の矢口祐人教授のおかげである。そして、何度も原稿を読み、私の相談に親身になって乗ってくれた友人たち、いつも私のことを気にかけ心配してくれる家族がいなければ、この研究を進めることはできなかっただろう。

最後に、本書出版を打診していただき、貴重な機会を与えてくださった岩波書店の彦田孝輔氏にお礼を申し上げたい。

本書の執筆にあたっては、多くの一次史料および二次文献を用いたが、注は最低限に留め、出典情報や参考文献は岩波書店ウェブサイト(http://iwnm.jp/431902)に掲載している。また、より詳しい文献や学術的議論については、拙著『*Visualizing Taste: How Business Changed the Look of What You Eat*』(ハーバード大学出版局、二〇一九年)も参照していただきたい。

本書ではアメリカ合衆国を「アメリカ」と記し、南北アメリカなど合衆国以外の地域を指す場合にはその旨を記載した。

目　次

第一部　近代視覚文化の誕生

第一章　感覚の帝国

味と色の瞑想

私たちは普段、味覚や視覚、また触覚や聴覚、嗅覚といった五感を駆使して生活している。これら五感は、一見、個々人の主観的・身体的作用のようだが、実は文化的・歴史的なものでもある。何かに触れた時に感じる柔らかさや硬さ、街の中で聞こえてくる音、食べ物の味など、何をどう感じ取るかは、生まれ育った社会や文化によって、また時代によって異なるのだ。

次の谷崎潤一郎による一九三三年発表のエッセイ『陰翳礼讃』からの一節を、その情景を想像しながら読んでほしい。

> 私は、吸い物椀を前にして、椀が微かに耳の奥へ沁むようにジイと鳴っている、あの遠い虫の音のようなおとを聴きつゝこれから食べる物の味わいに思いをひそめる時、いつも自分が三昧境に惹き入れられるのを覚える。（中略）日本の料理は食うものでなくて見るも

のだと云われるが、こう云う場合、私は見るものである以上に瞑想するものであると云おう。そうしてそれは、闇にまたゝく蠟燭の灯と漆の器とが合奏する無言の音楽の作用なのである。

谷崎は、食べる情景、そしてその体験を味覚だけでなく、音や光、色など五感全体で味わい、そのことに思いを巡らし「瞑想する」ものとして描写した[1]。

だが、谷崎が体験したような「遠い虫の音のようなおと」を聴きながら「蠟燭の灯」のもとで椀を味わうことは、現代の私たちにはなかなか経験できないものである。当時においてもそれほど一般的な体験ではなかったものの、都市化や産業化が進んだ現代は一層難しいだろう。スピーカーから音楽が流れ、蠟燭ではなく電気の光が料理を照らすようになった。かつて谷崎が「瞑想的」だと評した椀に入った吸い物を、現代の私たちは、その味だけではなく見た目や、それを食す瞬間の周辺環境—空気感や光の陰影、音—を異なったものとして感じ取るであろう。時や場所を超えて賞される美や感情、そして感覚は存在するかもしれないが、多くの場合、人が何かを感じ、そしてそれについて「瞑想」する時、そこにはその時代、その地における文化的・社会的背景が大きく影響するものである。文化批評家レイモンド・ウィリアムズが「感情の構造」と呼んだ、ある時・ある場所で共有されうる感情や感覚は、一方で歴史的文脈によって変わりうるものなのだ。

谷崎は、同じく『陰翳礼讃』の中で、羊羹を通して食べ物の色についても「瞑想」している。「かつて漱石先生は『草枕』の中で羊羹の色を讃美しておられたことがあったが、そう云えばあの色などはやはり瞑想的ではないか」と述べ、次のように続けている（羊羹が好物だった文豪は多かったようで、室生犀星なども好んで食したという）。

> 玉のように半透明に曇った肌が、奥の方まで日の光りを吸い取って夢みる如きほの明るさを啣んでいる感じ、あの色あいの深さ、複雑さは、西洋の菓子には絶対に見られない。クリームなどはあれに比べると何と云う浅はかさ、単純さであろう。だがその羊羹の色あいも、あれを塗り物の菓子器に入れて、肌の色が辛うじて見分けられる暗がりへ沈めると、ひとしお瞑想的になる。人はあの冷たく滑かなものを口中にふくむ時、あたかも室内の暗黒が一箇の甘い塊になって舌の先で融けるのを感じ、ほんとうはそう旨くない羊羹でも、味に異様な深みが添わるように思う。

吸い物椀についての「瞑想」と同様、羊羹を見る・食べることが五感を総動員した体験として描かれている。

ちなみに夏目漱石の『草枕』の一節であるが、洋画家の主人公が「凡ての菓子のうちで尤も羊羹が好だ」と述べた後、「別段食いたくはないが、あの肌合が滑らかに、緻密に、しかも半透明に光線を受ける具合は、どう見ても一個の美術品だ。ことに青味を帯びた煉上げ方は、玉と蠟石の雑種の様で、甚だ見て心持ちがいい。のみならず青磁の皿に盛られた青い煉羊羹は、青磁のなかから今生れた様につやつやして、思わず手を出して撫でて見たくなる」と語っている。(2)

谷崎も夏目も、羊羹の「肌」の滑らかさ、器の中で仄かな光を反射して煌めく姿を繊細かつ大胆な描写で捉えている。身体全体を通して食べ物とそこに置かれた状況を感じ、それに思いを馳せること、また器や周囲の環境と交わることで、そのおいしさ、美しさを味わうことができるのだ。それは時に官能的な体験でさえある。

さらに谷崎と夏目の羊羹についての瞑想そして描写で興味深いのは、表現の仕方もさることながら、味は二の次であることだ。谷崎によると、羊羹の陰影や滑らかな舌触りは「そう旨くない羊羹」にさえも味の深みを与え、夏目(『草枕』の主人公)にいたっては「別段食いたくはない」ものだという。谷崎の場合には味覚を補う視覚経験、一方で夏目は、食べることにつながらない視覚経験だともいえよう。特に後者の場合には、羊羹が食べ物というよりは、芸術作品のような鑑賞の対象として描かれている。つまり、食べ物の色は、味や香りを思い起こさせるものであるだけでなく、色や艶感など見た目を楽しむことが優先される場合もある。例えば色鮮やかな和菓子やカラフルにデコレーションされたケーキなどは、味ももちろん重要であるが、どちらかというとこちらの部類に入るかもしれない。

このように、五感を通した身体的体験は、人が周辺環境や他人といかに接し、どのようにそれらを理解するのか、つまり人と社会との関わりと密接に関係している。文化人類学者のデイヴィッド・ハウズは、編著『感覚の帝国』(二〇〇五年)の中で、文化・社会を理解するためには感覚の歴史性・文化性に着目することが必要だと論じている。[3] 感覚は、身体と認識(つまり存在論および認識論)と密接に結びついたものであり、社会、そしてその歴史の中で中心的役割を果たしてきたという。これまでは文化や社会のあり方を反映するものとして主に言語や文字情報が重視されてきたのに対し、ハウズは、言語に代わる分析枠組みとして感覚を提唱したのである。そして、文化によって規定されうる五感(何をおいしいと感じるか、良い香りと感じるかは文化、また時代によって異なる)、さらには、国や地域間のパワーダイナミクスによって生まれた五感経験―例えば植民地支配によって持ち込まれたヨーロッパの食(味覚)など―という多面的な感覚の理解を、「帝国」という比喩を通して促している(「あとがき」も参照)。

大量生産時代の到来

では、本書が注目する産業の発展や消費主義社会の拡大は、人々の五感経験をどのように変えたのだろうか。まずは、一九世紀末の歴史的背景についてみてみよう。

一八七〇年代は、アメリカ、またイギリスやドイツをはじめとするヨーロッパ諸国で、技術革新と工業化に伴う大量生産時代が到来した時期である。特に化学や鉄鋼産業、電気産業などが発達するとともに、食品や衣料品など消費財の大量生産が始まった。こうした中、企業は、大規模生産と組織化された経営体制のもとで新たな企業戦略を生み出すようになった。他国に先駆けて大量生産体制を確立してきたアメリカでは、自動車会社フォード・モーターの創業者ヘンリー・フォードが導入したベルトコンベヤを利用したライン(流れ作業)生産方式が有名だが、こうした大量生産を進める上で不可欠な条件の一つが部品・製品の標準化であった。

一九〇八年に、大衆向け自動車として発売を開始した「モデルT(T型フォード)」について、フォードは「T型は黒である限り、どんな色でも揃えている」(つまり黒のモデルしかないという意味)と語ったというエピソードがある。これは、価格を下げるために当初は複数あった塗装色を黒だけに絞り、生産を合理化したためともいわれているが、同じ色・型の自動車を作り続けるという発想は、大量生産方式を代表するフォードを象徴するものともいえる。

モデルTのカラーバリエーションに難色を示したフォードだが、興味深いことに、必ずしも大量生産が製品や人々の生活の画一化につながるとは考えていなかった。大量生産とそれに伴う標準化は、同質化ではなく「多様性」をもたらしたと語っている。フォードによれば「機械化によって今まで考えもしなかったほどの種類のモノを作れるようになり、生活が多様化したのである」[4]。フォードのいう多様化とは、例えば自動車や電気冷蔵庫、ラジオなどのようにそれまで存在しなかった、もしくは高価で多くの人が購入できなかった様々な製品が、少なくとも中産階級以上の家庭で享受されるようになったことを意味している。アメリカで電化製品が各家庭に行き渡り本格的な大量消費時代を迎えるのは第二次世界大戦後ではあるものの、すでに一九二〇年代から三〇年代は、機械を用いた大量生産で、生産の効率化と合理化が進み、多様な製品の価格低下が可能になり始めた時期である。

こうした大量生産システムの導入と標準化は、食品産業においても例外ではなかった。ただこの標準化は、産業によって異なる目的・意味を持っていた。標準化することで機械による大量生産が可能になるという点では共通していたが、食品の場合、農業生産物も加工食品も、「標準化」とは、季節や生産地によらず、味や色、形を同じ品質で生産することを意味していた。この中で食べ物の色は、人がおいしそう・新鮮そうと感じたり、味・香りを想像させるために重要な役割を担っている。そこで、人々が「自然な(あるべき)」色だと考える色を再現し、それを常に作り出すことが、食品産業における標準化にとって不可欠となったのである。

感覚産業複合体

一八七〇年代以降の科学技術の発展や工業化は、大量生産体制を確立させたとともに、新たな産業を生み出し、さらに人々の生活を大きく変えた。例えば、鉄道網の発達や自動車の登場は新たな都市の風景や生活音を生み出した。また、技術革新や産業の発展で、企業は色や匂いを数値化するなど、それまで主観的なものと考えられてきた感覚を、客観的かつ科学的に解明し操作できるものとして扱うようになった。香料メーカーがラベンダーやローズなどの香りの化学合成に成功し、人工香料が化粧品などに用いられるようになったのだ。こうして人工的に作り出された色や匂い、味などは、モノの品質判断基準や消費のあり方も変えることとなった。また、デパートの誕生やそこに陳列された多種多様な商品は、消費者の購買行動や嗜好の変化を促しただけではない。新しい技術や商品、販売手法は、人々の五感の感じ方や感覚を通した周辺環境の認知の仕方にも多大な影響を与えるようになったのである。

科学史家のスティーヴン・シェイピンは、こうした五感に訴える商品開発や環境構築を行う産業・研究機関・政府などが一体となったシステムを「感覚産業複合体（aesthetic-industrial complex）[5]」と呼んだ[6]。これは、企業戦略における五感の経済的重要性を示唆するとともに、企業だけに留まらず、政府や大学を含む研究機関など様々な組織・人々が関与する中で、新しい五感経験が誕生したことを意味している。例えばシェイピンが挙げている事例の一つが軍事食の開発で、第二次世界大戦中、政府機関の一つであるアメリカ陸軍需品科は、軍隊用の食事の味のみならず香りや色の研究を行っていた。兵士の体力の源である食事は、エネルギーや栄養を摂取するためだけでなく、いかにおいしく食べられるかが重要だったということである。ここには政府や軍事関係者、食品産業、フードサイエンス等に関する研究機関も関わっており、産学官がまさに「複合体」として五感の研究、そして商品開発を行っていたのだ。

先の軍事食の事例のように、感覚産業複合体がいち早く発展した産業の一つが食品産業である。産業化や小売形態の変化、人々の嗜好の変化などによって、食べ物の色は、特に食品の宣伝および購入時に非常に重要な役割を果たすようになった。例えば、印刷広告（またはテレビの宣伝など）で、言葉を使わず匂いや味を伝えることは難しい。一方、色は他の感覚と比べて再現や操作がしやすく、また色を通して人の味覚や嗅覚、触覚など他の五感を刺激する（想像させる）ことも可能である。印刷技術の発達で屋外広告や雑誌にカラー広告が掲載されるようになると、色は食品のおいしさを伝えるため、より一層重要な手段となっていった。こうした中、「おいしそう」また「自然」に見える食べ物の色は、食品業界のみならず、例えば食品着色料やパッケージ素材を供給する化学メーカー、広告代理店、食品生産・販売規制を行う政府など、政治・経済界を含め、様々なアクターによる拮抗と共創の中で生まれてきたのである。

第二章　色と科学とモダニティ

食べ物の色について詳しくみる前に、少し広い視点から、色や視覚世界の変化について考えてみたい。大量生産・大量消費時代を迎えた一九世紀末以降、食べ物の色がいかに作り出されてきたのか、そしてそれはいかなる社会的・文化的意味を持っていたのかを理解するには、当時のアメリカ社会における「色彩革命」という広いコンテクストの中に位置づけ考える必要があるからだ。

消費資本主義の台頭と色彩革命

古くより、色は科学や哲学の研究・考察の対象となってきた。例えばイギリス人科学者ニュートンやオーストリアの哲学者ヴィトゲンシュタイン、ドイツ人作家で科学者のゲーテらは、色彩のメカニズムや認知についての論考を残している。一九世紀に入り、科学と産業とが密接に結びつき、科学技術や関連知識は、研究室の中に留まらず、当時急速に拡大した化学産業など数々の産業にとって不可欠なものとなっていった。色も、もはや哲学や科学、芸術などそれぞれの領域で研究・考察されるものだけではなくなったのである。

一九世紀末以降の色彩科学の発展は、ニュートンが解明したような色のメカニズム[1]をさらに進展させ、色を数値化し測定する手法も開発された。食品や化学をはじめとする多くの産業で、色を利用した新しい商品開発やマーケティングが進められ、科学と産業の結びつきは新しい視覚性を生み出したのである。つまり、色の商業的利用が拡大し、人々の日常生活の中で視覚環境が大きく変化した時期でもあったのだ。

この視覚性の変化、および産業に大きな影響を与えたのが、化学合成によって生成された着色料の発明である。世界初の合成着色料(人工着色料とも呼ばれる)は、一八五六年にイギリス人化学者ウィリアム・ヘンリー・パーキンが開発し(より正確には偶然の産物だった)、後に商業化した「モーヴ」と呼ばれる紫色の色素だとされる。その後、化学メーカーは他の色の合成着色料の開発に乗り出し、繊維産業や印刷業者らの間で次第に広まっていった。これまで使用されていた植物由来の天然着色料は、合成着色料に比べ高価であり、また褪色しやすいため、色を長期間保つことが困難であった。歴史家ウォレン・サスマンは、「化学合成によって作り出された色は、これまで見たこともないような色の世界を生み出した」と述べている(着色料の開発と関連産業については第三章参照)[2]。

着色料の開発に加え、印刷技術の発展、特にカラー印刷の拡大も視覚世界を大きく変えた。版画の一種であるリトグラフ、特にカラー・リトグラフは、人々の日常生活を彩るものの一つとして様々な場面で用いられた。一八七〇年代頃までにアメリカでは、ルイス・プラング社やカリアー&アイヴス社といったリトグラフ印刷会社が、カラフルな宣伝広告やポストカードを売り出すようになると、日用品店などは、店先に掲げて商品の宣伝に利用するようになった。また、カラフルなイラストは、インテリア用品として壁にかけて楽しまれたりもした（口絵1の『熱帯の果物』もそうした絵の一つだった）。ただこうしたカラー印刷物は主に都市部や中産階級の家庭を中心に出回っていたもので、カラー印刷が、より広く人々の間に広まるのは一九二〇年代になってからである。

二〇世紀初頭以降、色の利用は、印刷物だけでなく数多くの商品で拡大した。例えば自動車産業では、前章でみたようにフォードが黒一色のモデルTを販売した一方で、ライバル会社ゼネラル・モーターズ（GM）は、アルフレッド・P・スローンのもとでモデルチェンジを毎年行うこと（現在では一般的となった、いわゆるアニュアル・モデルチェンジ）を一九二〇年代末から開始した。この戦略によりGMは、黒一色のモデルTを販売していたフォード社の売り上げを抜くことに成功した。その後フォードは一九二七年以降、新たに販売を開始したモデルAで、GM同様モデルチェンジを開始したのである。

この時期は、スローンが「色とスタイルの新時代」と呼んだ、新しい時代の幕開けでもあった。[3] 自動車以外にも、キッチン用品や一般家庭の壁紙、衣料品などでカラーバリエーションが増え、多種多様の色が日常生活に溢れるようになったのである。こうした状況を『サタデー・イヴニング・ポスト』誌は一九二八年の記事の中で「色の新時代」が到来したと評し、こうした「色彩革命」の影響は「私たちの生活のあらゆる場面に現れている」と伝えた。[4]

ではこの色彩革命はどのように起こったのだろうか。色彩科学と印刷技術の発展を通して、当時の視覚世界の変化についてみていくことにしよう。

色彩科学と色の客体化

色彩革命到来の鍵となったのが、先述した科学と産業の結びつきである。二〇世紀初頭、視覚や色彩科学の研究に従事した科学者らの多くは、視覚は五感の中で最も重要な感覚で、さらには、視覚や視覚器官である目の働きは、科学的および客観的に解明できるもの・すべきものと考えていた。例えば、ゼネラル・エレクトリック(GE)社の照明研究所で所長を一九二四年から四五年間務めた、物理学者のマシュー・ラッキーシュは、視覚性や視覚環境の向上は、文明発展につながるものだと考えており、色や光が人体に及ぼす影響について研究を行った。彼の考えは、人体を機械になぞらえて理解しようとする当時の身体科学の考え方を如実に反映したものでもあった。ラッキーシュと共著者フランク・K・モスによる研究書『照明の新しい科学』は、人体を「人間視覚機（human seeing-machine）」と表現し、「見ることは人類にとって普遍的で最も重要な身体活動の一つである」と論じている。[5] そして色は、「人間視覚機」の機能をより発展させるために不可欠な要素であるとし、ラッキーシュは、「色を識別できなくても人間として存在することは可能だが、色覚というのは、我々の周辺環境に魔法のカーテンをかけてくれるものである」と論じている。[6] 自然科学と技術の進歩・合理性の追求・知識の専門化は――これらはミシェル・フーコーがモダニティの特徴的要素として挙げたものでもある――視覚に関する研究や知識をより「科学的」「客観的」なものとして位置づけるとともに、色をはじめとする視覚情報・刺激が、消費主義文化拡大にとって重要な要素として確立し始めるきっかけを作ることにもなった。

色の分析・科学的知識の中で、特に食品産業で広く利用されるようになったものの一つが色の測定と数値化、そして色の名称の標準化である。最も単純に色を測定する方法は、測定したい物（色）と基準となる色とを目で見て比較する方法である。この一例が一九世紀末に開発されたロビボンド比色計である（口絵2）。イギリスのビール醸造者ジョセフ・W・ロビボンドが、ビールの色を測定するために開発したもので、測定者は、機器に取り付けられている一六枚の色がついたガラスプレートのうち一つを標準色として定め、その色と実際のビールの色を比較し、理想的な色になっているかを確認する。ガラスプレートには、一から一六までの数字がついており、色を言葉(色の名称)ではなく数字を用いて伝えることもできた。「薄い茶色」や「濃い黄色」などと表現しても色の濃さや色味の感じ方・表現方法は人によって異なるため、正確に色を伝えることが難しい。だが数字を用いれば、どの色を指しているかは誰にとっても一目瞭然である。ロビボンドの機器は非常に原始的で、後に開発される測定器と比べると正確さに欠ける。だが、色の標準化と数字を用いた名称の統一という点においては画期的な道具であった。

ロビボンド比色計と並んで、同時代に開発・利用され始めたのが、アメリカの美術教育者で画家でもあったアルバート・H・マンセルによって考案された色票(カラーチャートとも呼ばれる)である。これは、色を色相(赤や青などの色味)・明度(色の明るさの度合い)・彩度(色の鮮やかさの度合い)の三つの要素によって分類し、系統的に配列した色見本のようなものである。マンセル・システムとも呼ばれるこれら三要素を用いた色の測定や表現は、食品産業でも広く用いられるようになった。ロビボンドのカラープレートのように、標準となるべき色を色票の中からあらかじめ選び、最終商品(食品)がその色と合っているかどうかを確かめることで、色の画一化を図ることができた。先述のGE社で色や光の研究を行ったマシュー・ラッキーシュは、このマンセル・システムを強く支持しており、特に色の名称の標準化と色の系統的分類は、色彩科学にとって不可欠だと考えていた。

マンセル・システムにおける色の理論や分類法は、美術教育者だったマンセルが、子供や学生たちの色彩教育のために考案したものであった。これを産業界に広めるきっかけとなったのが、マンセルのもとで助手兼秘書として働いていたドロシー・ニカーソンである。一九二一年から二六年までマンセルのもとで働いたのち、ニカーソンはアメリカ農務省で色彩研究者として、農産物の色の標準化などの研究に従事した。その傍ら、アメリカ色彩協議会と呼ばれる非営利団体でも積極的に活動を行い、色彩科学の普及に努めた。彼女は、産業界で色を効果的に利用するためには、マンセル・システムをはじめとした色の測定方法の確立や標準化が不可欠であると論じ、色彩科学の発展と色の商業利用の推進に貢献した。

マンセルの色票に加えて、産業界で広く用いられるようになったのが、アロイス・ジョン・メルツとマーシャル・レア・ポールが一九三〇年に発表した『色彩辞典』である。これは、七〇五六個もの色見本を並べたもので、メルツとポールの目的は、「英語で表現されている色全てを網羅」することであった。ニカーソンや他の色彩研究者らのように、彼らも色の標準化の必要性を訴えていた。「色彩以外ほぼ全ての分野において標準化が達成された」一方で、色の表現や測定方法は未だ「混乱状態」にあり、これは産業界において経済的損失にもつながりかねないと主張した。(7) このためより多くの色を『辞典』に盛り込もうとしたメルツとポールであったが、一方で、その欠点はまさに網羅した色の種類が多いことでもあった。色票で隣り合った色が非常に似ているため、対象となる色がどの色を指すのかを特定するのが困難だったのだ。

こうした試みは改善点があったものの、色の標準化を促すことにつながった。食品の色に関しても、ロビボンドやマンセルらの色見本は、「正しい」「あるべき」色を再現することに役立った。だが、これらはいずれも人が目視して計測・比較するものであり、個々の計測者の心身状態や、光など周辺環境によって結果が大きく異なる恐れがあった。数字を用いて色を表現するなど、ある程度主観的な判断を取り除くことができたとはいえ、常に一定の正確な分析結果を出すには不十分な方法だった。

これらの問題を解決すべく開発されたのが、分光光度計と呼ばれる装置である。これは、光の反射によって色を定量的に測定する機器で、人為的な操作といえば装置に表示された数値を読み取り分析することに限られた。一九二〇年代末、この先駆的発明を成し遂げたのが、マサチューセッツ工科大学の物理学者アーサー・C・ハーディーである。ハーディーは、自身の特許権をGE社に譲渡し、同社は一九三五年よりハーディーの光度計の生産・販売を開始した。食品業界は、ハーディーの発明を革命的だとみなし、人的エラーを排除した装置として歓迎した。ただハーディーの装置は操作が難しく、自動で測定ができなかったため、複雑な計算によって測定値を割り出す必要があった。色の自動測定器が出てくるのは二〇世紀半ばまで待たなければならなかった。

しかしながら、一九二〇年代から三〇年代におけるこれら色彩測定技術の開発は、それ以前に比べ、より正確により画一化された結果を出すことが可能となったという意味で重要である。色の測定から人為的操作が部分的であれ排除され、測定結果の正確性が向上した。さらに、分光光度計を用いることで、機器などの経年劣化の心配も軽減された。ロビボンドのガラスプレートやマンセルの色票、メルツとポールの『色彩辞典』は、いずれもガラスや紙に塗られた標準となるべき色が褪色してしまい、その都度買い換える必要があったのだ。

分光光度計をはじめとする色の新しい測定法や測定機器は、人の身体ではなく、機械の方がより客観的で信頼性が高いものだとする近代(モダニティ)的考えを具現化した典型ともいえる。視覚文化の研究者であるジョナサン・クレーリーは、一九世紀以降の視覚性の変化について次のように述べている。

眼の活動を再コード化し、組織・配列し、その生産性を増大させ、注意の散乱を防ぐための、多種多様な手法が生じている。かくして、資本主義的近代化の至上命令は、古典的な視覚の領域を破壊する一方で、注視するという視覚の形式を押しつけ、感覚を合理化し、知覚を管理するさまざまな技術を生み出した。[8]

色の測定機器や光学知識は、「感覚を合理化し知覚を管理するさまざまな技術」の一つだったといえるだろう。化学者や食品生産者らは、これらの技術を用いて「正しい」「自然な」色を標準化、そして再現するようになったのである。

色彩科学の発展による色の科学的研究や「客観的」視覚、つまり個々人の感覚を客観的に分析・測定できるものとする考えは、食品産業における食品および味覚に対する概念の変化とつながるものでもあった。一九世紀半ば以降、アメリカやヨーロッパ諸国においてフードサイエンスや栄養学の研究が進んだことで、科学・産業界・政府内における食品の概念が根本的に変化し、これを歴史家ウーヴェ・シュピーカーマンは「栄養パラダイム」と呼んだ[9]。例えば、食品に含まれる栄養素やその他の構成物質を細かに分析・分離することが可能となった。一九世紀末以降台頭し始めた加工食品企業は、こうした知識と技術を利用して、栄養成分など様々な物質を抽出したり組み合わせたりすることで、全く新しい食品を作り出すようになったのである。また政府は、科学的知見をもとに、食品の構成要素や添加物質に基づいた食品規制が最も効果的だとし、例えば着色料や保存料などの使用を規定した食品規制法を相次いで制定するようになった(この食品安全基準の考え方は今日まで引き継がれている)。色も食品を構成する一要素として考えられるようになったことで、色は食品とは不可分な内在的要素というよりも、色素を抽出したり、また逆に追加することによって、自由自在に操作できるものとして扱われるようになったのである。

色のプロフェッショナルの誕生

色彩科学の発展や技術開発により、色の標準化がある程度進んだ一方で、依然として解決していない問題があった。「標準的な」色、「正しい」色というのは、具体的にはどの色を指すのであろうか。色票や比色計、分光光度計などは、最終商品の色が標準となる色とどの程度近いのか・遠いのかを測ることはできる。だが、どの色を標準とすべきか、さらにどの色を消費者が好むのか、または正しいと思う色なのかということは、機械は教えてくれない。この問題は、食品の色も例外ではない。食品企業の多くは、「自然」に見える食べ物の色がいったいどの色なのかや、どのようにその色を再現すればいいのかなどの問題を抱えていた。ここで登場したのが、カラーコンサルタントや市場調査会社といった、色や市場を分析する専門家たちである。

カラーコンサルタントとは、事業戦略などに関わる一般的な企業コンサルタントと似ているが、色に関する問題に特化したコンサルタントで、様々な産業で色の利用価値を高め、効果的な利用法を促すことを目的としていた。商品デザインや広告を含めマーケティングに利用する色はもちろんのこと、例えば工場や店舗内の壁紙の色やレストランで用いる食器類の色など、幅広くアドバイスを提供した。

特に一九二〇年代から半ばにかけてアメリカで活躍したのが、その第一人者でもあるフェイバー・ビレンとハワード・ケッチャムである。ビレンは、一九〇〇年にシカゴで生まれ、長らく出版業界で働いていたが、三五歳の時にニューヨーク市に移り自身のコンサルタント会社を立ち上げた。彼は色の身体的・心理的影響に関心を持っており、心理学や色彩科学の知識を用いて「機能色(functional color)」と呼ばれる色の効果について研究を行った。これは、工場や病院、学校などで生産性や安全性を高めるための色のことである。工場で目の疲れを軽減するための壁の色や、精肉店で肉のおいしさを引き立て、かつ清潔さを見せるための店内の色などがその一例である。こうした色の機能性に注目したビレンのノウハウは、様々な業界から注目を浴び、彼の顧客は化学メーカーのデュポン社やウォルト・ディズニーの他、アメリカ海軍など多岐にわたった。

ビレンと同年代のケッチャムは、ニューヨーク・デザイン学校で学び、一九二五年から二年間、広告代理店H・K・マッキャンで働いた後、デュポン社で自動車の色・デザインに関してアドバイスを提供する部署で責任者を務めた。一九三五年に独立し、ビレン同様、コンサルティング会社をニューヨーク市で設立、古巣のデュポン社の他、GE、パンアメリカン航空などを顧客にカラーコンサルタントとして活躍した。

色の専門家としてビレンやケッチャムが強調したのは、「科学的」法則に基づいた色の利用である。ビレンは、色は単に芸術的才能や好みの問題ではなく、人への影響や色の効果というのは、実践的かつ客観的なルールと知識に基づいて理解すべきものだと訴えた。そして、成功するカラー広告というのは、芸術的な「神のような天才」によるものではなく、誰もが実現可能な「民主的」で「科学的」なものだと考えていた[10]。色の働き、特に宣伝広告における色の効果や利用方法を「客観的」な法則に基づいて説明し、視覚効果を「科学的」に説明しようとするビレンやケッチャムは、先に述べたラッキーシュのような視覚や色彩科学研究の研究者らと重なるところがある。合理性や客観性、科学技術への絶対的な信頼は、一九世紀末から一九二〇年代頃までのモダニティ的思想を反映してもおり、色に関する美的感覚や芸術性さえも科学に還元され、ビジネス戦略へと取り込まれていったのである。

複製技術と味覚の表象

ビレンやケッチャムのようなカラーコンサルタントらが推奨する色をなるべく正確に再現し、商品や宣伝広告に用いることを可能としたものの一つが印刷技術である。特に食品産業においては、広告や雑誌といった紙媒体のメディアでいかにおいしそうに、自然に見せるかが重要だった。ある食品産業向け業界誌は、「[広告の]色の少しの違いが、売り上げの大きな損失につながる」と述べ、食品企業に対して色の使い方に注意するよう呼びかけたりもしていた[11]。一九二〇年代前後から始まった「色彩革命」は、色の標準化や計測など科学的研究分野に留まらず、カラー印刷が屋外広告や雑誌に多用されるようになったことで、都市の風景そして人々の日常生活の変化にも及ぶものだったのだ。

色彩革命の一端を担った印刷技術と広告産業であるが、ここではまず、食べ物のイラストが広告として用いられるようになったことの意味を少し考えてみたい。

人類はその歴史を通して様々な場面で食べ物を描いてきた。例えば古代ローマでは、イチジクや桃、ブドウなどの果物は自然の恵み・豊かさの象徴として、壁画や陶器などを彩るモチーフに用いられた。一七世紀頃には、西洋絵画の世界において「静物画」が一つのジャンルとして確立する（図2-1）。静物画とは、花や果物のような自然物や皿・楽器などの人工物を描いたもので、宗教画の一部などとして発達してきた。静物画には、フランドル地方（オランダ南部からベルギー西部・フランス北部にかけた地域）で発展したフランドル絵画のように、食べ物をモチーフにしたものも多い。特に、当時、世界的な経済力を誇ったオランダでは、果物や肉、魚などの食べ物が国力や豊かさを象徴するものとしても描かれたのだ。

歴史家サイモン・シャーマによると、一見、物質的豊かさと繁栄の象徴のように見えるこれらの静物画には、しばしば富や権力の儚さに対する不安など、豊かさゆえの相反する心情を垣間見ることができるという[12]。例えば静物画のモチーフとしてしばしば描かれたものの中には、色鮮やかな果物や新鮮な魚、肉の塊などの他、食べかけのパンやパン屑、剥きかけのオレンジの皮、牡蠣の殻、さらには食べ物とは関係のない頭蓋骨なども含まれていた。これらは、生と死、秩序と混乱、享楽と禁欲、裕福と質素、物質性と精神性を象徴するとも考えられており、宗教的または寓意的な意味が込められてもいたのだ。

図2-1　静物画の一例．アブラハム・ファン・ベイエレン『宴会の静物(*Banquet Still Life*)』(1667年)．中央には真っ赤なロブスター，奥には複数の銀器と並んで桃，ブドウ，メロンなどの果物が描かれている．ロサンゼルス・カウンティ美術館(Wikimedia Commons)．

同じ頃、日本では、後に海外の画家・建築家にも影響を与えることになる浮世絵が、新たな視覚文化として広まり始めていた。一七〇〇年までにおよそ八〇万人の人口を抱え、世界有数の大都市となった江戸では(当時ヨーロッパ最大規模の都市であったロンドンの人口が約五五万—六〇万人、パリは約六〇万人だった)、そこに住む人々や各地から訪れる旅人たちの胃袋を満たすため、多くの料理屋が誕生した。新たな食文化・食体験が生まれる中、浮世絵の中に色鮮やかに描かれた食べ物や食事風景は、当時において

「映える」素材だったのだ。特に名物画と呼ばれる類は、地域ごとの名物料理などが描かれたものも多く、旅人の思い出として、また旅の土産として各地で販売された(口絵3)。その他にも、三代目歌川豊国(国貞)と初代歌川広重の合作で制作された浮世絵五〇枚からなる『東都高名会席尽』(一八五二―一八五三年)は、江戸の有名会席料理屋五〇軒を紹介したもので、それぞれの店の名物料理や門構えなどが歌舞伎役者とともに描かれており、人気を博したという。人気歌舞伎役者の浮世絵は、今でいうタレントのブロマイド(またはグラビア写真)のように人々から親しまれていた。そこに店の紹介を組み込んだこれらの絵は、当時の人々の食への関心の高さを垣間見ることができると同時に、ポピュラーカルチャーの一部に宣伝を巧みに混じり込ませるマーケティングの早期の一例ともいえるのではないだろうか。

一九世紀半ばになると、印刷技術や写真技術の発達により、食べ物をモチーフにした絵の商業的利用が加速することとなった。実用的な写真撮影技術の誕生は、一八三九年にフランス人画家・写真家のルイ・ジャック・マンデ・ダゲールによって発表された「ダゲレオタイプ」(銀板を感光させ映像を定着させる手法。ネガがなく複製することができなかった)だとされる。この翌年、イギリス人写真技師ウィリアム・ヘンリー・フォックス・トルボットは、ネガによる複製が可能な写真技術を発表した。トルボットは、ギリシャ語で美を意味する「カロス」に因んでこの技法を「カロタイプ」と名づけた。

トルボットがカロタイプを用いて撮影した写真の中に、食べ物を被写体にしたものがある。一八四四―四六年に出版された、世界初の写真集といわれる『自然の鉛筆』に収められた『果物籠』である[13](図2-2)。これは、テーブルの上に桃やパイナップルが入った籠が置かれた写真で、絵画で描かれる静物画と酷似した構図である。当時、写真は「芸術」とは考えられておらず、絵画(静物画)の構図に似せることで、「芸術」への近接を図ったとも考えられる。また、トルボットは、写真技術は画家のスケッチに代わる(またはより優れた)ものだとも考えていた。スケッチよりも手軽に、またより正確に、対象物を捉えられるものとして写真を提示したともいえる。実際、写真集の題名である「自然の鉛筆」とは、画家がスケッチや素描に用いる鉛筆になぞらえて、「自然(この場合は写真の現像に必要な光)」が「鉛筆」のようにイメージを作り出すという意味が込められている。カロタイプの利用は限定的ではあったものの、後にフランスやアメリカで改良技術が誕生し、様々な写真撮影・現像技術も開発された。

図2-2　ウィリアム・ヘンリー・フォックス・トルボット『果物籠(*A Fruit Piece*)』(1845年). メトロポリタン美術館.

　後述するように、写真画像が広告に多用されるようになるのは一九三〇年代以降で、それまでは依然としてカラー・白黒にかかわらず、主にイラストレーターが描いた絵が広告には用いられていた。だが、印刷技術の発達で、イラストにせよ写真にせよ、画像が以前よりも安価で容易に複製できるようになると、かつて静物画を彩っていた果物や肉の塊は、企業広告の缶詰やコーンフレークの箱に置き換わり、「芸術」と「宣伝」とが絶妙な形で融合した広告が、雑誌や新聞、さらには街頭など公共の場にも溢れるようになったのである。

文字から絵、モノクロからカラーへ

二〇世紀転換期まで、新聞や雑誌に掲載された広告はほとんどが白黒印刷で、その上、商品の特徴や効果を文字で詳細に説明したものがほとんどだった。広告主は、文字のフォントやサイズを変えることで、ある程度読者の注意を引くことはできた。だが、こうした広告の最大の問題は、文字が読め、その言語を理解する人にしか伝わらないことであった。当時アメリカでは、ヨーロッパやアジアなど世界各地からの移民が急増しつつあり、特に「第一世代」の移民(別の国で生まれ、幼少期またはそれ以降にアメリカに渡った移民のこと)の中には英語を解さない人も多く、労働者階級など貧しい人々の識字率も低かった。そのため、文字だけの広告では、商品の宣伝効果が限定的であった。これに対し、図柄を中心とした広告が利用されるようになったことで、不特定多数の人に商品情報を伝えることができたのである。

日本でも、広告へのイラストやカラーの導入は、二〇世紀初頭を皮切りに次第に広まってい

った。北田暁大によると、一九〇〇年代半ばには「広告の美学化」が始まった。その先駆者的役割を果たしたのが、一九〇四年（明治三七年）に「デパートメントストーア宣言」を掲げ、呉服屋から百貨店への転身を遂げた三越であった。無論、江戸時代の錦絵など、イラストやカラーを用いた「広告」はそれ以前より存在したが、近代化・技術的発展・市場の拡大などを背景とした二〇世紀初頭以降の広告は、新しいヴィジュアルメディアだった[14]。三越は、広告の他ウインドー・ディスプレイや室内装飾、商品の図案などを含め、「美感」や「意匠」など「芸術的」要素と商品世界とを結びつけるとともに、その主な顧客であった都市の中・上流階級に「よき趣味」を伝え啓蒙する役割をも果たすことになったのである。

アメリカでは、一九世紀末から次第にカラー広告が雑誌などに掲載されるようになったものの、カラー印刷の利用は依然として限定的であった。特に印刷費が高額だったことがその要因の一つである。一九二〇年代には、次第に多くの出版社が雑誌広告の値段を下げるようになったが、カラー印刷は白黒印刷よりもおよそ一・五倍の値段であった。当時アメリカ最大の広告代理店だったJ・ウォルター・トンプソン社の社員は、カラー広告が商品の売り上げに確実につながるという見込みがなければ、高額な広告費を支払うには値しないと述べ、カラー広告の利用拡大に悲観的であった。

カラー印刷の利用を阻んだのは、費用だけではなかった。広告主の中には、白黒印刷はカラーと同程度の宣伝効果があり、むしろ技巧を駆使した白黒のイラストはカラーよりも効果的だと考える者もいた。現実世界は様々な色に囲まれているため、日常生活の中で目にする場合には白黒の方が珍しさや新規性があり、人々の目を引くことができるとも考えられていた。

こうした考えに対し、印刷会社や広告会社、出版社は、カラー広告の経済効果を強調し、その利用を促した。一九二三年、ある印刷会社は、広告事業者向けの業界誌に「色はセールスマン」という見出しで広告を掲載し、カラー印刷は全国どこでも消費者に訴えかけることができ、商品の売り上げ増加につながると謳った。また、他の印刷会社は「全国民の習慣はカラー広告で変えることができる」とし、カラー印刷とその宣伝効果を強調した。

一方、大手出版社のカーティス出版は、一九二五年に広告費用を下げるなどし、カラー広告の使用増加を狙った。同社が一八八三年に創刊し「アメリカ家庭のバイブル」とも評された女性誌『レディース・ホーム・ジャーナル』の場合、四色刷り(フルカラー)広告を掲載したい企業・広告主には、一年間のうちに四色刷り広告を少なくとも六ページ分以上出すことを条件として課した。こうしたカラー印刷の使用促進もあり、同誌からカーティスが得た広告料のうち、カラー印刷の占める割合は、一九一三年は一一パーセントだったのに対し、一九三八年にはおよそ半分がカラー印刷からの収入となった。

「自然」な色の再現

一九三〇年代頃までには、カラー広告の宣伝効果が業界内で次第に認められるようになった。特にその特徴として、高い識別性や感性に訴える効果、写実効果などが挙げられた。色を使うことにより一目で商品やブランドの特徴がわかり、他社商品と区別することができる。また、カラーは人々が普段見ているものをほぼそのまま印刷物として示すことができた。実物と全く同じ色味を出すことは困難だったが、多くの広告業者は、カラー印刷は白黒よりも現実世界に似せることができ、例えば見る者の食欲をかき立てたり、購買意欲を刺激できると考えるようになった。また、視覚情報の重要性を論じた物理学者のマシュー・ラッキーシュら研究者が、カラー広告を利用することで人々は視覚的に商品を理解でき、白黒や文字のみで表現するよりも効果的だとする著書や論文を発表するなど色の視覚効果を裏づけたことも、色の産業界での重要性を高めた要因の一つである。

一九二〇年代から三〇年代にかけて、次第に広告のカラー化が進んだが、中でも食品産業はカラー印刷を比較的早い時期から活用した産業の一つである。その理由の一つとして、広告業者や食品企業らのジェンダー観が影響していたと考えられる。当時の食品・広告業界は、多くの産業がそうだったように男性中心で、食品市場調査やその分析などもしばしば彼らのジェンダー観を反映したものであった。当時は(今日でも依然として)、食品の買い物および料理は女性が行うものだという「常識」が、食品および広告業界、そして社会一般で共有されていた。また、女性は男性よりも五感、特に色などの視覚刺激に敏感だと考えられていた。例えば、一九三一年刊行の食品小売業者向けに出版された業界マニュアルは、「女性の感覚器官は男性よりも敏感」だとして食料品店内の商品の配置や宣伝広告に留意するよう訴え、いかに小売店は視覚的アピールによって女性客を惹きつければよいかというアドバイスを提供したりもした[15]。このため、主要顧客だとされた女性の目に訴える手段として、食品業者らの間で色の活用が進んだといえる。この他にも多くの業界誌や書籍、またカラーコンサルタントのようなアドバイザーらによって視覚に訴える販売促進の重要性が強調され、視覚性に関する言説が構築されていったのである。

さらに食品業界でカラー印刷が支持された理由として、食品の宣伝は、色を使うことによって「自然」で「本物」らしく見えるイラストを再現することができ、より効果的だと考えられていたことがある。中でも、デルモンテ社やキャンベル社などの缶詰業者やカリフォルニア青果協同組合(後のサンキスト)などは、数は少ないもののすでに一九世紀末にはカラー印刷の広告を出していた。缶詰は、消費者が使用時に缶を開けるまで中身が見えず、店頭でそのおいしさを直接伝えることは難しい。そこで、広告や缶詰につけられたラベルでは、缶詰本体の絵に加えて、中身や加工前の野菜・果物のカラフルなイラストを添えるなど、カラー印刷が積極的に利用された(口絵4)。一二〇の缶詰業者に対して行われた一九四一年の調査によると、約半数の企業が缶詰のラベルに四色刷りを用いていた。

一九三〇年代には、さらに「自然」で「本物らしい」色の再現が可能となった。先述したように、写真画像が広告にも多用されるようになったのである。カラー写真そのものは以前から存在したが、宣伝広告に比較的広く利用されるようになったのは、一九二九年の大恐慌以降だとされる。不景気のため広告費を捻出することが難しくなった企業が多かった一方で、中にはカラー写真を用いた斬新な広告によって消費者の購買意欲を高めようとした企業もあった。写真画像は、イラストレーターによって描かれた絵よりも説得力と信憑性のある「現実」を映し出すことができると考えたのだ。食品業界においても、写真の方が、消費者は実際の食事や料理の場面を容易に想像することができ、食欲をかき立てられるとして、広告会社はカラー写真の広告利用を促進するようになった。

実際には、カラー写真も、その構図や色はカメラマンや印刷業者によって細かく計算されており人為的に作り出されたものである。そのため、広告の中に映る「自然な」色は必ずしも実物と同じではない。この意味で、手書きのイラストが作者の想像(イマジネーション)によって描かれているのと同様に、写真は、作り手が持つイメージによって創造されたものでもある。だが、食卓風景にせよ、商品の写真にせよ、理想的なイメージを投影することを目的とした広告においては、

「自然に見える」ことが重要なのであり、この作られた自然、そして理想の姿こそが、大量消費社会における視覚性の特徴だといえよう。

第三章　産業と政府が作り出す色——食品着色ビジネスの誕生

印刷技術の発達や広告産業の拡大、カラーコンサルタントの登場と並んで、「色彩革命」に大きく寄与したのが合成着色料の開発である。特に食品産業においては、「おいしそうな」「自然な」色を安価で容易に再現する手段の一つとして一八七〇年代以降、急速にその利用が広まった。次章以降で述べるように、色の操作には着色料だけではなく様々な技術や手法が用いられてきた。だが着色料は、食品やその他多くの消費財の色、そして我々の視覚環境を大きく変えた重要な要因の一つである。同時に、企業や政府、消費者がいかに食品や食の安全性について考えていたのか、それらが今日の私たちの食生活とどのように関係しているのかを理解する手がかりにもなる。ここでは、いかに食品着色料の生産・販売が一つの産業として誕生し拡大したのか、またそれがどのように食品の色の画一化を促し視覚性の変化につながったのか考えてみよう。

合成着色料の誕生

食品に色をつけるという行為は、人類の歴史を通して長く行われてきたもので、例えば古代エジプトではサフランなど植物由来の天然着色料が用いられていた。当時サフランは、主にアジア地域との交易で持ち込まれたものである。天然のサフランは、着色料としてだけでなくスパイスとしても使用され、その収穫が難しいことから非常に高価で、今日でも最も値段の高い着色料・スパイスの一つである。その黄金色は、知恵や啓蒙、そして富の象徴とされていた。その他、インディゴ(植物からとれる藍色の染料)や、中南米で古くより使用されていたコチニールと呼ばれる、乾燥させた虫から抽出した赤い色素などが、食品を含め広く着色料として用いられていた。コチニールは、一六世紀以降、スペインによる中南米の植民地化が進んだことでヨーロッパにも伝わり、鮮やかな真っ赤な色味は、貴族や上流階級向け衣服の染料や絵画用絵具として重宝された。合成着色料が誕生する一九世紀半ばから末頃まで、ヨーロッパと新大陸との大西洋貿易の貴重な交易品の一つでもあった。一八〇七年の記録によると、ニューヨーク市場では一ポンド(約〇・四五キロ)当たり五ドル(二〇二〇年換算で約一一四ドル)で取引されていたことから非常に高価だったことがわかる。

貴重な交易品であった天然着色料の価値を大きく変えたのが、合成着色料の誕生である。第二章で述べたように、一八五六年に世界初の合成着色料「モーヴ」が開発されると、化学産業で世界的リーダーシップを握っていたドイツをはじめヨーロッパ諸国やアメリカで、様々な色の合成着色料の開発が進んだ。例えば、一八五八年にドイツおよびフランスで合成が成功した赤紫系の合成着色料「フクシン」は、同様の色味の天然着色料であるコチニールに代わるものとして、繊維産業や印刷産業で広く使用されるようになった。これによりコチニールの需要が減少し、その価格も大きく下落した。一八八〇年代後半には、ニューヨーク市場で一ポンド当たり一五から二〇セント(二〇二〇年換算で四―五・五ドル)で取引されており、八〇年ほどの間に二〇分の一以下の価格まで下落した。

合成着色料の商業利用が始まった一九世紀半ばは、その主な使用目的は繊維や印刷で、食品向けには製造されていなかった。当時の合成着色料は、コールタール色素(またはタール色素)と呼ばれる石炭由来の染料で、人体に有害な物質が含まれている場合もあった。そのため食品に用いる際には、それら不純物質を除去する必要があり、繊維や印刷向け染料よりも手間と技術力を要したのである。

アメリカで食品向け合成着色料の生産と使用が広がり始めたのは一八七〇年代頃である。合成着色料への需要が高まった理由の一つに、缶詰など加工食品の生産が増加したことが挙げられる。一八三〇年代頃のアメリカ家庭の典型的な食料品買い物リストといえば、パン、肉、バター、ジャガイモ、砂糖、牛乳、紅茶程度だった。それが、一九世紀末までに、次第に加工食品が増加することとなる。例えばある食料品販売店では、一八七〇年代初頭には取扱商品のおよそ二〇パーセントが加工食品だったのに対して、一九一五年には五〇パーセント以上もの商品が加工食品で占められていた。[1] そして一九二〇年代までには、ほぼ全ての家庭で、マーガリンや缶詰、キャンディーなど、何らかの加工食品が利用されるようになっていた。

加工食品は、農産物よりも着色料で着色されているものが多い。工場で大量生産される加工食品は、安価に標準化された商品を生産する必要があり、合成着色料は不可欠な生産材料として用いられるようになったのである。これまで食品着色に使用されていた植物由来のものよりも低価格で、褪色や変色しづらく、また、いつでも簡単に規格化された食品の色を再現できるようになったためである。

合成着色料の汎用性も大きな利点の一つだった。自然由来の着色料は、その特性などによって、全ての食品に利用できるわけではなく、酸性の強い食品には綺麗に色がつかないものなどもあった。だが合成着色料の場合、同じ着色料を様々な商品に使用することができた。例えば、「ブリリアント・ブルー・FCF」と呼ばれる合成着色料は、青や緑系の色を作ることができ、グリーンピースの缶詰やアイスクリーム、飲料など多岐にわたって使用された。着色料メーカーは、食品の種類によらず同じ着色料を様々な顧客に販売することができ、また食品メーカーも同じ着色料を異なる商品に利用することができたため、より経済的で効率的に着色ができたのである。

産業化する食品着色ビジネス

当時、食品用合成着色料の生産販売を行っていたのは化学メーカーで、主要商品となる化学製品などの生産と並行して、食品向け着色料を生産していた。ただし、先述したように、食品用合成着色料は安全性確保などの理由から生産が難しく、繊維や印刷業者向けの染料を生産していても食品向け商品は生産しない企業がほとんどであった。

そのような中、アメリカで食品着色料生産の先駆者的役割を担った企業が、ニューヨーク州バッファローのシェルコフ・ハートフォード・アンド・ハンナ社(以下シェルコフ社)と、同州ブルックリンに本社を置くH・コーンスタム社である。両社の創業者はともに、化学・染料産業の世界的中心だったドイツからの移民である。第一次世界大戦勃発までドイツは世界の合成着色料市場で優位を占め、一八八一年までには世界のおよそ半分の生産量を誇るまでになった。これは、ドイツが国をあげて化学産業の発展を後押ししていたためでもあり、特許制度や研究面において政府が支援していた。強大な経済力と優れた技術力により、ドイツは一九世紀末のグローバリゼーションを支えた国の一つでもあったのだ。

アメリカへの移民たちは、母国の技術力とノウハウ、ビジネスネットワークを駆使して化学メーカーの起業に乗り出した。シェルコフ社の前身となるシェルコフ・アニリン・アンド・ケミカル・ワークスを創業したジェイコブ・フレデリック・シェルコフは、アメリカに渡って複数の事業を手がけた後、一八七九年にバッファローで着色料ビジネスを開始した。彼は、化学の勉強のため二人の息子をドイツに留学させ、さらにドイツ人化学者をコンサルタントとして雇い、母国の教育および人的資源を活用しながら自身の事業を発展させていった。シェルコフの死後、息子たちは父親が設立した会社を再編成し、シェルコフ社を設立した。当初は繊維や印刷業向けに生産していた着色料を食品向けにも展開し、一九一〇年代初めまでに、アメリカ着色料市場(食品以外を含む)のおよそ五〇パーセントのシェアを握るまでに成長した。

H・コーンスタム社の前身は着色料輸入会社であった。ジョゼフ・コーンスタムは、ドイツで家族が経営する着色料ビジネスをアメリカに拡大するため一八四〇年代にニューヨークに移り住み、一八五一年、コーンスタム・アンド・カンパニーを設立、ドイツから輸入した染料をアメリカの繊維、印刷、塗料業者に販売した。コーンスタムの死後、一八七六年、彼の兄弟と従兄弟が新たにH・コーンスタム社を設立し、着色料の自社生産に踏み切った。シェルコフ社と同じく当初は繊維や印刷向けだったが、間もなくして食品着色料の生産も開始した。

シェルコフやコーンスタムのようなアメリカでビジネスを始めた移民起業家らは、ドイツに本拠地を置く化学メーカーとは異なり、高額の輸入関税を支払う必要がなかった。そのため、ドイツの技術や知識を活用しながらも、より安く商品を提供することができたのである。これらの化学メーカーは、特に第一次世界大戦後、ドイツからの技術や商品の輸入が難しくなると、アメリカ国内における化学産業発展に大きく寄与することとなった。

食品規制が作り出す市場

食品着色料と加工食品産業の拡大によって、二〇世紀転換期までにアメリカ家庭の食卓は、人工的に着色された商品が数多く並ぶようになった。それは、ケチャップ、缶詰、ソーセージ、チーズ、バターなど日常欠かせない食品から、アイスクリームやキャンディーなどの嗜好品にいたるまで多岐にわたった。

同時に、着色料の使用拡大に伴い、健康被害が多数報告されるようにもなったのである。着色料の中には、非常に毒性の強いものもあり、本来は食品向けではない化学物質が食品に利用されていることがあった。チョークの白い粉を小麦に混ぜてパンの白さを際立たせるなど、およそ飲食可能とはいえない物質が使われた事例なども報告されている。アメリカでは二〇世紀初頭まで、連邦政府が定める全国レベルでの食品規制法が存在しておらず、食の安全性を確保する対策がとられていなかった。一九世紀末に各州では次第に食品規制法が制定され始めたものの、州を超えた商業活動を規制するものではなかった。

この頃、食品の安全性は、アメリカだけではなくヨーロッパ諸国や日本でも大きな社会問題となっていた。これは、アメリカと同じく、加工食品が多く出回るようになったことで着色料など合成化学物質の使用が増えたことが理由の一つと考えられる。各国の対応は比較的早く、イギリスでは、一八七五年に食品・医薬品販売法が定められ、着色料を含め有害と認められた物質の食品・医薬品への使用が禁止された。ドイツは、一八八七年制定の着色料法により健康被害をもたらす食品着色料の使用を禁止した。オーストリア、フランス、イタリア、スイスなども同時期に有害着色料の使用規制を敷いた。日本でも、一八七八年に合成着色料の使用を規制する法律が定められた。

ヨーロッパ諸国や日本に比べ、アメリカの全国規制は遅く、二〇世紀に入ってからであった。一九世紀末以降、すでに議会や政府内で大きな問題となってはいたものの、企業や政治家らの利害が絡み合う中でその制定は遅れ、ようやく一九〇六年になって連邦規制である純正食品薬品法が成立した。同法は、当時、有害物質の使用が特に問題視されていた菓子類について、着色料を含む有害物質の使用を禁止した。さらに、着色自体は禁止しなかったものの、パッケージやラベルに着色料など添加物を表示するよう義務づけた。

同法は、アメリカ農務省内に設けられていた化学局の管轄で、同局の化学者らが着色料の有害性を調べたり、基準を設けるなどしていた。中でも当時の局長ハービー・W・ワイリーは、純正食品薬品法成立の立役者でもある（同法は「ワイリー法」と呼ばれることもある）。ワイリーは、自身は着色料に関する知識を十分に有していなかったこともあり、有害性や規制の基準を定めるため、民間の化学メーカーで働いていたバーンハード・C・ヘスをコンサルタントとして迎え入れた。このワイリーとヘスの連携の中でアメリカにおける食品着色規制の礎が築かれ発展していったのである。一八六九年にミシガン州で生まれたヘスは、シカゴ大学で化学の博士号を取得、化学局に勤める前には、ドイツの一大化学メーカーであるバーディッシュ・アニリン・ウント・ソーダ工業会社（バスフ）で長らく化学者として働いていた。そしてワイリーのもとで働くようになった後も、民間と政府とを結ぶ重要な橋渡しとしての役割を担っていた。

まずヘスとワイリーが取り組んだのは、無害の着色料を明確にし、その使用を食品メーカーに推奨することで健康被害を抑えることだった。純正食品薬品法制定の翌年、着色料規制の細かな取り決めをまとめた「食品検査決定七六」を発表し、七種類の合成着色料を「認可着色料」に指定した他、着色料製造に関して厳しい精製基準を設けた。認可着色料とは、政府がその安全性について問題がないと判断した着色料のことである。ヘスが選んだ七種類は、不純物を除去し一定の精製基準を満たせば、他の着色料に比べて安全性が高いと考えられていた。だが当時は、認可着色料以外の使用が禁止されていたわけではなく、食品メーカーは、表示義務さえ守れば、他の着色料を使用することが可能だった。後述するように、一九三八年の法改正でようやく着色料を使用する際には認可着色料の使用が義務づけられることとなった。

さらにこれら七つの認可着色料は、食品メーカーや化学メーカーの間で比較的広く使用されていた着色料でもあった。また、これらの着色料は、黄色、オレンジ、青、緑、赤、真紅、チェリーレッドの七色で、複数の色を混ぜ合わせることで、事実上無限に近い色を作り出すこともできた。つまり、着色料使用をはじめ食品規制は、産業界に絶対的不利益にはならないよう考慮された上で進められてきたといえる。

認可着色料の生産に最初に踏み切ったのが、先述のシェルコフ社とH・コーンスタム社で、一九二〇年代までこの二社がその生産・販売を独占することとなった。その理由の一つは、認可着色料は、一般の食品着色料よりも精製基準などが厳しかったためである。シェルコフ社が試験的に最初に製造した認可着色料の一つは、不純物の割合が〇・〇九パーセントで、政府基準（〇・〇五パーセント）を満たしていなかったように、認可を得るには相応の技術力が必要だったのだ。割に合わないと考え、指定外の着色料や基準に満たない七つの着色料の生産を続ける企業も相当数あった。

一九〇九年、シェルコフ社とH・コーンスタム社は認可着色料の販売を正式に開始したのだが、当初はその売れ行きは思わしくなかった。当時のH・コーンスタム社社長エドワード・G・コーンスタムは、ヘスに対して、食品業界内で「認可着色料への関心がいかに低いかに驚愕している」と述べた上で、政府から何らかのプレッシャーが必要だと訴え、その使用を義務化するよう提言した。[2] 認可着色料への認識を高め売り上げを伸ばすため、両社は大々的な宣伝広告も行った(図3-1)。認可着色料は、安全性について政府のお墨付きを得た着色料であることを強調し、その認知と使用拡大を狙ったのである。認可されていないものを使った場合、その着色料の使用が違法である可能性も示唆しつつ、安全性を確保し法を遵守するためには、認可着色料を使用することが賢い選択だと謳った。これは、社会学者ドナ・ウッドが論じた公共政策の戦略的利用の一例ともいえ、アメリカにおける食品着色料産業が、政府と企業との連携の中で拡大していったことを示唆してもいる。[3]

The Perfection of Protection
TAKE NO CHANCES
USE ATLAS CERTIFIED COLORS
The only colors that offer proof of their purity
to officials as well as protection to the public
The number of prominent manufacturers adopting them constantly increasing.
H. KOHNSTAMM & CO.
Pioneers in Food Colors and First Producers of Certified Colors.
26-28 N. Franklin Street, CHICAGO　87 Park Place, NEW YORK
Our old list covering colors in uncertified form,
also Vegetable and Cochineal colors still in force.
F. I. D. No. 129, ISSUED NOVEMBER 21st, approves our efforts towards simplifying the Re-certification of Certified Colors by jobbers. Shall be pleased to give details on request.
IMPORTERS OF
EGG ALBUMEN
JAPANESE and SHEET GELATINE

図3-1　製菓業者向け業界誌に掲載された着色料の広告で，「認可着色料(certified colors)」を使うことを推奨している．『*Confectioners' and Bakers' Gazette*』(1912年10月号)．

その後、一九一〇年代から二〇年代にかけて、新たな食品着色料の開発と研究が進んだことに加え、政府が認可する着色料の種類が増えたことで、認可着色料の使用量は急速に伸びていった。当初七つだった認可着色料は、一九三一年までに一五種類にまで拡大した。認可された着色料の総量が、一九二二年は約一七〇トンだったのに対し、一九二五年には二倍近い三二〇トンまで増加したのである。

着色料の使用が急増したことで、純正食品薬品法の問題点も浮き彫りとなり、法改正を求める声が政府内外から高まった。まず一つには、先述の通り、一九〇六年法は認可着色料について規定を定めたものの、認可着色料以外の着色料を使用することを禁止するものではなかった。また、取り締まりを行うアメリカ食品医薬品局（Food and Drug Administration、通称ＦＤＡ）の権限が小さく、効果的な規制がなされていなかった。そこで一九三八年、連邦政府は一九〇六年法を改正し、食品と医薬品に加えて規制対象を化粧品にまで広げ、連邦食品・医薬品・化粧品法を制定した。

同法による着色料規制に関する最大の改定は、食品着色を行う場合、認可着色料の使用を義務づけたこと、そしてもう一つが着色料の名称を定めたことである。これまでは、認可・非認可の区別なく、着色料は一般的に商標名で呼ばれていた。それを認可着色料に関しては、赤や青などの色名と番号を組み合わせた名称に変更したのである。例えば、商標名「ギニア・グリーンＢ」と呼ばれる着色料は、「緑色一号（英語ではGreen No. 1）」、「ライト・グリーン・ＳＦ・イエロー」は、「緑色二号（Green No. 2）」となった。さらに同法は、ＦＤＡにこれまでよりも大きな権限を与え規制を強化し、その後二〇年間にわたり、食品や医薬品・化粧品にかかるアメリカ国民の健康を保障するための法的基盤として位置づけられることとなった。

純正食品薬品法、およびそれに続く連邦食品・医薬品・化粧品法は、有害物質の使用規制という目的と並び、またはそれ以上に、連邦政府が認可着色料の安全性を保証し、人工的な食品の着色が不可欠かつ正当な食品生産過程であることを認めたことを意味するものでもあった。着色料の安全性に対する政府のお墨付きは、食品着色を推進することにもつながり、人工的に着色された食品がアメリカの食卓に一層のぼるようになったのである。

「おいしそう」は安全か？

連邦食品・医薬品・化粧品法は、長らくアメリカの食品規制・安全基準として用いられていたが、一九五〇年代頃よりその改正の必要性が指摘されるようになった。その理由の一つに、第二次世界大戦後、食品産業、特に食品加工業が急速に発展したことが挙げられる。乾燥加工技術や冷凍技術の進展や様々な合成化合物の開発によって、新しい食品が食卓に並ぶようになったのだ。例えば、卵と水を混ぜるだけでケーキを作ることができるケーキミックスや、カラフルなゼラチンデザートの「ジェロー」、一つの箱の中に一食分のメイン、サイドディッシュ、デザートを詰めた冷凍食品「ＴＶディナー」などである。斬新さと便利さを兼ね備えたこれらの食品は、第二次世界大戦後のアメリカで豊かな社会の象徴でもあった。これら加工食品は、着色料や香料をはじめ多くの合成添加物を含んでおり、食品業界では、化学物質の使用が急増した。アメリカ食文化史家ハーヴェイ・レヴェンスタインによれば、一九五〇年代にアメリカ食品化学産業は「黄金時代」を迎えたのである[4]。

食品添加物の使用拡大に伴って、化学物質による健康被害が拡大した。これら添加物は、連邦食品・医薬品・化粧品法の規制対象だったものもあったが、有害性に関する知見は未だ不十分で、同法で使用が許可されていた添加物が後に有害だとわかったものなどもある。例えば、一九五〇年秋、オレンジ色のハロウィンキャンディーを食べた子供たちが下痢や腹痛を訴える事故が起きた。さらに一九五五年には赤と緑に着色されたポップコーンを食べた二〇〇人近い人々が健康に何らかの異常をきたし大きなニュースとなった。後にこれらの健康被害の原因が、使用されていた着色料だったことがわかったのだが、それらは、一九三八年法で使用が認められていたものであった。これにより同法の改正と有害性基準の見直しが急務となったのである。

これまで着色料の有害性に関する検査は、着色料メーカーが連邦機関の一つである農務省に個々の着色料に関するデータを提出し、同省の化学者が行っていた。このため政府の負担が大きく、検査に時間がかかると同時に、審査数の多さやその煩雑さから毒性を十分に判定することが困難であった。

一九五〇年代の健康被害をきっかけに、連邦政府は、一九五八年に食品添加物改正法、その二年後には着色料に特化した着色料改正法を制定し、食品規制強化に乗り出した。この着色料改正法では、当時認可されていた合成着色料の全てについて、毒性を再検査することが定められた。さらに、有毒性検査は、連邦政府ではなく着色料メーカーが行うことが義務づけられ、安全性の再確認と新たな検査体制の確立を図ったのである。

ただ、同改正法は、食品企業や着色料メーカー、化学メーカー、さらには関連産業への打撃を最小限に抑えようとする政府関係者らの思惑を反映したものでもあった。例えば、同法で定めた「無害」の定義である。一部の研究者らは、動物実験で何らかの健康被害が少しでも認められた場合には、その物質は「有害」とすべきだと主張した。しかし、実験でマウスなどに投与される添加物の量は、人が通常の食事で摂取する量よりも大幅に多い場合がある。食品企業や化学メーカーの多くは、動物実験と普段の食生活での摂取量の違いを指摘し、一定の摂取量を超えなければ人体に被害が出ない添加物については、「無害」と定義されるべきだと訴えた。これを受けて着色料改正法でも、添加物の有害・無害の線引きは、動物実験で健康被害が見られるかどうかによらず、人が通常摂取する量で人体に害があるかどうかによって定められることとなったのである。また、着色料メーカーは、認可着色料産業委員会という産業団体を結成し、政府へのロビー活動を行うなど、合成着色料の使用規制が産業界の不利益にならないよう働きかけを行っていた。

連邦政府による食品規制の不十分さや拡大する健康被害に対して、一九六〇年代以降、消費者運動が高まりを見せることとなった。中でも多くの支持を集めたのが、後に大統領選にも出馬した弁護士のラルフ・ネーダーによる一連の活動である。ネーダーは、消費者団体を立ち上げ、自動車の安全性や、食品偽装・食品の安全性に関して、政府へのロビー活動やメディアを通した抗議活動を行っていた。また、彼の消費者団体の一つは、合成着色料の使用禁止を求める運動にも尽力した。ネーダーのもとでボランティアとして働いていたマイケル・F・ジェイコブソンも後に独自の消費者団体を組織し、合成着色料の健康被害を含め食の安全性を訴える運動を展開した。生物学者でもあったジェイコブソンは、合成着色料を化学的に分析し、いかに有害な物質が食品に含まれているかを消費者に訴えた。

消費者運動が高まる中で、連邦政府は、合成着色料の再検査を実施するとともに、その使用について徐々に厳しい規制を設けるようにもなった。例えば、一九五五年から六〇年にかけて、一一の合成着色料の食品への使用が禁止された。その中の一つは、バターやチーズ、マーガリンなど黄色やオレンジ系の油脂や食品に広く利用されていた黄色三号と呼ばれる着色料である。また、先述の一九五〇年と五五年に健康被害をもたらしたキャンディーとポップコーンに使用されていた着色料(それぞれ橙色一号と赤色三二号)も食品への使用禁止が決まった。

ただ、ネーダーやジェイコブソンらは、全ての合成着色料の一斉禁止を求めており、連邦政府の規制は不十分だと考えていた。政府内では、合成着色料は食品生産に不可欠の材料であるという認識が強く、また着色料産業や食品産業への影響も考え、着色料の全面禁止は実現しなかった。例えば、農務省で食品研究に携わっていた化学者の一人は、一九五九年の同省年次報告書の中で、色は「食品の品質を示す重要な要素の一つ」だとし、「人々の頭の中では、食品の品質と色とは非常に強く結びついており」着色は食品生産過程において不可欠であると主張した[5]。食品の安全性を確保することは前提だとしつつも、「自然な(あるべき)」色を作り出すために人工的な着色をすること自体は問題視されず、むしろ安全性を規制に盛り込むことで着色料の使用を促すことにもつながったといえる。

赤色の恐怖

連邦政府、産業団体、消費者団体が食品規制に関してせめぎ合いを続ける中で、一九六〇年代に最も議論を巻き起こした着色料が「赤色二号」と呼ばれるものである。これは、他の赤色着色料に比べて安価であるだけでなく、褪色しづらく、さらに様々な食品に利用することができた。例えばアメリカでは、清涼飲料水やアイスクリーム、ケーキ、スナック菓子、ハムやソーセージなどの食肉加工品、調味料など幅広い食品に使われていた。この赤色二号は、長らく最も安全な着色料の一つとして考えられていたもので、一九〇七年に連邦政府が認可をした最初の合成着色料の一つだったのである。

だが、一九五〇年代に初めて赤色二号の安全性を疑う調査結果が発表されたのだ。その後、一九六〇年にはソ連の研究者らが、発癌性を持つ物質であると発表した。アメリカ政府関係者や研究者の一部は、ソ連の研究は信憑性に欠けその結果を信じることはできないとして、即座に規制が設けられることはなかった。これに対し多くの消費者団体は、政府が企業と手を組み消費者を危険に陥れていると訴え、早期に赤色二号の使用を禁止するよう求めた。新聞記事でも赤色二号に関する記事が多く取り上げられるようになると、消費者は抗議や安全性に関する疑問を綴った手紙を政府に送ったりもした。これに対し政府関係者らは安全性に問題がないことを強調し、企業利益のために国民の健康を蔑ろにしているわけではないことを訴えた。

当初、赤色二号の有害性やソ連の研究結果に懐疑的だったのはアメリカ政府だけではなく、その規制をめぐる対応は国によって様々であった。ドイツは赤色二号の使用を全面禁止した一方、フランスとイタリアは一部の食品のみへの使用を認め、イギリス、カナダ、オーストラリア、日本では使用が認可された。これは、食品や使用される添加物の安全基準が国によって異なっているためで、食の「安全性」が社会的・政治的に構築されたものであるともいえる。

アメリカでは、赤色二号の安全性をめぐる議論が二〇年近く続き、消費者団体らの反対活動に屈する形で、一九七六年にようやく連邦政府は使用禁止を発表した。赤色二号の使用が禁止されたことで、食品企業は商品生産・マーケティング戦略を新たに模索する必要に迫られた。解決策の一つは、別の赤色着色料を使用することで、代替品として最も広く利用されたのが赤色四〇号である。だが、これは赤色二号に似た色ではあったものの、値段が二号よりも高く、食品によってはくすんだ色になってしまい、完璧な代替品とはならなかった。さらに、赤色四〇号の安全性にも疑問が持たれており、アメリカ政府は使用を認めたのに対し、赤色二号の使用を認めていたカナダでは、安全性を担保できないとして四〇号の使用を禁止した。

赤色四〇号のような代替品を使用する企業があった一方、赤い商品の生産を中止する食品企業も現れた。例えば、チョコレート菓子メーカーのマース社は、一九七六年に看板商品でもあるエムアンドエムズ(M&M's)から、赤色にコーティングされたチョコレートを外すことを決定した。同社によるとそれまで自社の商品に赤色二号は使用していなかったものの、赤色全般が多くの消費者に不安を与えることを危惧してのことだった。一九八七年に赤色を復活させるまでの一一年間、赤いエムアンドエムズは市場から姿を消すこととなったのである。

今日当たり前のように使用されている食品着色料は、食品の色を簡単かつ安価に操作できるものとして、色の商品化を促進させてきた。政府が食品規制法によって着色料使用を規制すると同時に、一部の着色料の使用を認可したという事実は、着色が食品生産過程の一部として認められたということを意味しており、これによって、食品着色は一つの産業として確立されていったのである。また、食品着色の産業化と色の商品化は、食品の大量生産が進む中で色の画一化をより一層促すものともなった。黄色いマーガリンや赤いケチャップ、緑色のグリーンピースの缶詰など、多くの人が「当たり前」だと思うような色を大量かつ安価に再現する手段となったのだ。そしてそれは、私たちの視覚環境、そして味覚と結びつけられた視覚(色)が次第に標準化されてきた過程でもあった。

同時に、有害な着色料や化学物質による健康被害が拡大したことで、食べ物の色は、新鮮さや味、食べ頃を示すだけでなく、安全性の基準を示すようにもなったのである。そして、派手に着色された菓子や鮮やかで均一な色をした加工食品などが、一般的に不健康なイメージと結びつく要因の一つとなったともいえるだろう。これは、食品産業と化学産業との強固な結びつきによって、何を「食べ物」と考えるかが大きく変化し、人と食べ物、さらには自然との関係の大きな転換を意味してもいた。

コラム　食品サンプル

「大衆食堂にはいられたのですね？」

「はい。デパートの裏でした」

（中略）

「それは、つばめ屋という店ですよ。看板を思いだしませんか？」

「気がつきません。陳列にならんでいる見本をみて、はいったものですから」

松本清張『紐』より(6)

これは、松本清張の推理小説『紐』の中で、殺人事件の捜査をする刑事と被害者の妻との会話である。田舎から東京に出てきた妻が、新宿で昼食をとろうとした際に、店の看板には気づかず食品サンプル（食品見本ともいう）を見て入店したという一節で、店名よりも実際に提供されている料理に関する視覚情報を重視したことがうかがえる。

食品サンプルは、本物の食べ物の色や形・艶感を真似て、視覚的に味覚を表現した最たる例の一つであろう。最近では、海外でも知られるようになり、キーホルダーやマグネットなど様々な商品が販売されており、日本からのお土産としても人気がある。しかし、食品サンプルを置いているレストランは依然として圧倒的に日本が多く、サンプルを置いた陳列棚は日本的風景ともいえる。

そもそもどのようにして食品サンプルが生まれたのだろうか。食品サンプルに関する複数の著書がある野瀬泰申によると、その歴史は一九二〇年代初頭(大正時代)まで遡る。[7] 東京で人体模型製作の仕事に従事していた須藤勉が、日本で最初に現代のような商業用食品サンプルを作った人物だとされており、当時、日本橋にあった老舗百貨店「白木屋」が食堂に置くために食品サンプル作製を依頼したのが始まりだといわれている。また同じ頃、須藤と同じく模型製作に従事していた西尾惣次郎と岩崎瀧三も食品サンプル事業の先駆者的役割を担った(岩崎が創業した会社は、現在、食品サンプル業界大手の一つ「株式会社いわさき」として継承されている)。西尾や岩崎は、出身である関西地方を中心に、阪急百貨店(大阪)や十合(そごう)百貨店(大阪)、天満屋(岡山)などを顧客としていた。

白木屋の食堂で食品サンプルを置くことになったきっかけは、一九二三年(大正一二年)の食券制度導入だと考えられている。客が店の入り口で食券を購入する制度で、席に着いてからメニューを見て注文を決めるよりも注文にかかる時間を短縮でき、客の回転率を高めることができた。つまり入り口で客が注文を決める際、一目でどんな料理があるのかを示す手段として食品サンプルが考案されたのである。

一九二〇年代は、百貨店の門戸が、それまで主な顧客対象としていた上流階級だけでなく、都市の大衆に向けて次第に開かれた時代である。特に関東大震災以降、複数の百貨店が生活必需品など実用品売り場を設けたり、バーゲンセールを始めるなど、より広い顧客層に向けた販売戦略に乗り出した。依然として多くの人々にとっては、普段の買い物をするには敷居が高かったものの、百貨店は特別な日に家族で訪れる行楽の場所となったのである。中でも百貨店の食堂で食事をすることは、買い物客の楽しみの一つであった。当時、外食は男性がするものだと考えられており、一般のレストランでは女性のみ、もしくは子供連れの客はほとんどいなかった。それに対し百貨店食堂は、買い物に来た女性や子供連れの客にも開かれた外食空間となったのである(図3－2)。実際、子供連れの客は多く、昭和に入ると百貨店食堂は子供向けメニ

図3-2　1933年，女性誌『料理の友』に挿入されたイラストで，デパートに買い物に来た男性(上)と子連れの母親(下)が描かれている．後者は「食堂にばかり来る人」という但し書きがついており，子連れ客，特に母親と子供でデパートの食堂を訪れることが珍しくなかったことを示唆している．親子の後ろには食品サンプルが並んだ棚が見える．「でぱあと画譜」『料理の友』(1933年10月号)．味の素食の文化センター．

ューの提供を開始した。一九三〇年、日本初のいわゆるお子様ランチ(当時は「御子様定食」や「御子様洋食」と呼ばれた)が日本橋三越で提供され、スパゲティやコロッケ、サンドイッチなどをのせたプレートが三〇銭で提供されていた。

折しも大正から昭和にかけては、洋食が東京など都市部を中心に広まり始めた頃である。明治時代までは西洋料理は富裕層のためのもので、一般の人々には手の届かない高価な料理だった。だが、白木屋をはじめ百貨店や街中の食堂が、オムレツやビーフステーキなどを比較的安く提供するようになったのである。料理本や雑誌などで次第にこうした洋食が紹介され始めてはいたものの(図3-3)、中には百貨店の食堂で初めて目にする料理もあったであろう。客が店先

図3-3　和装の女性が赤いゼリーを手に持つ姿が描かれており，食生活の西洋化が広まりつつあったことがうかがえる．『料理の友』表紙絵(1924年9月号)．味の素食の文化センター．カラー版は下記参照：https://www.syokubunka.or.jp/library/ryourino-tomo/192409

で注文を決めるにあたり、食品サンプルはどんな食べ物なのかを視覚的に伝えることができたのである。

　こうしてみると食品サンプルは、洋食という日本人に馴染みのなかった料理が広まり始めた時期に必要となったとともに、百貨店の食堂のように、大衆向けレストランの誕生という新たな外食文化によって広まっていったといえる。サンプルをあらかじめ見ることで、これから食べる料理の見た目や味を想像できるとともに、必ずそれが提供されるという安心感さえも得ることができたのだ。

第二部　食品の色が作られる「場」

第四章　農場の工場化

フィリピン産のバナナや、カリフォルニアのグレープフルーツ、ノルウェー産サーモンなど、今日、私たちの食卓は世界各地から運ばれた生鮮食品で溢れている。だが食のグローバル化ともいえるこのような変化は、この一世紀ほどのできごとである。それまでは、野菜や果物、肉、魚などは、地元でとれたものがほとんどで、手に入る種類も季節により大きく異なっていた。また、海外産の食品があったとしてもそれは非常に高価で、一般消費者が普段口にすることはほぼ不可能であった。

アメリカを例にみると、一九世紀末になって、これまで見たこともなかった果物や野菜が遠く離れた生産地から運ばれるようになり、特に都市部に住む上流家庭の食卓はバリエーションに富んだものになっていった。例えばバナナやオレンジ、パイナップルなどは、熱帯地域の国や、国内であっても一部の地域でしか生産されておらず、長距離輸送網や輸送技術が発達するまでは、全国市場で消費されることはなかった。一八七〇年代に入り、鉄道や船を使った冷蔵輸送や長距離配送が可能になったことで、それまで高価で珍しかった果物や野菜は次第に富裕層のみの食べ物ではなくなっていったのである。

市場が拡大するにつれ、農産物を大量かつ安価に生産する必要が出てきた。さらに、常に一定した品質を安定供給することも国内およびグローバル市場の拡大とともに不可欠となっていった。こうした中、形や大きさと並んで、色は、野菜や果物の品質基準の指標の一つとして用いられており、常に一定基準以上の色をした農産物を生産するため、品種改良や農業技術の開発が行われるようになったのである。

人類は農業を開始して以来(もしくはもっとそれ以前から)、様々な技術を駆使して自然を開拓してきた。季節や気候に合った品種を選択し、生産性と品質を向上させるため品種改良を行うなど、自然環境と対峙し、また時に自然を管理することを目指したのだ。そして、一九世紀末になり、農業の機械化や大規模生産の始まりによって、自然の「操作」は、規模・内容ともに大きく変化することとなった。大量生産と商品・生産過程の画一化は、自動車工場のベルトコンベヤの上だけでなく、「自然」の恵みを受ける田畑にも広まったのである。

では、一九世紀末以降、新しい食べ物を初めて目に、そして口にした人々は、どのようにしてそれらの食べ物の「(作られた)あるべき」色を学び、認識するようになったのだろうか。ここでは特にこの頃一般的に広まるようになったバナナとオレンジに焦点を当て、これらの果物の色が次第に画一化され、多くの人々にとって当たり前のものとなった過程を辿ることとする。

「自然な」色の構築

本書の冒頭で触れた『熱帯の果物』を思い出してほしい。一八七一年に制作されたこの絵には、黄色と赤茶色のバナナが描かれていた。今日よく目にする黄色いもの（当時は主にグロスミッチェルという種）と、赤茶色または濃い紫色をしたダッカと呼ばれる種類である。黄色・赤色いずれのバナナも当時は高価で、一本のバナナが一〇セントから二〇セント程で販売されていた（牛のサーロインが四五〇グラム当たりおよそ一〇セントだったことから、バナナが高級食品だったことがわかる）。だが、一八七〇年代から八〇年代になると、依然として安い果物ではなかったものの、バナナは次第に多くの消費者にとって馴染みのある食べ物となっていった。

例えば、料理本の中に材料の一つとしてバナナがしばしば登場するようになる。一八八四年刊行の『リンカーン夫人のボストン・クック・ブック』という、当時広く読まれた料理本には、バナナを使用したレシピがいくつか掲載されていた。その中の「トロピカルスノー」（直訳すると「熱帯の雪」）というデザートでは、オレンジやココナッツの他、レッドバナナが材料の一つとして含まれていた。[1]このデザートは、オレンジとバナナを薄くスライスし、皿の上に交互に敷き詰め、その上にココナッツと砂糖をかけたものだった。実際に何人の人がこのレシピを再現したかは不明であるものの、たとえ実際に食べたことはなくとも、バナナには黄色と赤色の少なくとも二種類があるという認識がある程度共有されていたと考えられる。

二〇世紀初頭までにバナナの生産・消費が拡大していくにつれ、人々が普段目にするバナナに変化が起きた。黄色のバナナが市場を独占するようになったのである。ユナイテッド・フルーツ社などアメリカのバナナ生産・輸送業者が中南米にプランテーションを建設し、バナナの大規模生産を始めると、フルーツ会社はより生産性が高く、効率的な生産・販売を求めて、グロスミッチェルという黄色種のみに特化するようになった。これは、赤い品種は黄色いものよりも皮が薄く傷つきやすいため、長距離輸送には向いていなかったためである。そして、一九〇五年には雑誌『サイエンティフィック・アメリカン』で、バナナは「貧乏人の果物」だと紹介されるまでにその価格は下がり、大衆の食べ物として認識されるようになったのである(2)。

アメリカで黄色いバナナのみが食品売り場に並ぶようになると同時に、料理本や広告、その他様々なメディアで描かれるバナナはほとんどが黄色で表現されるようになった。バナナ輸入会社の広告や冊子の中には、消費者にバナナの食べ頃の色をイラストつきで解説するものがあったのだが、それらは全て黄色のバナナであった。ユナイテッド・フルーツ社がマーケティングのために作り出した、バナナを擬人化したキャラクター「チキータ」も黄色い皮を身につけている。こうして、多くの人々にとって、普段の買い物や食卓、広告などで目にする黄色いバナナが「自然な」色として広まったのである。

こうした「色彩教育」は消費者に対してのみ行われたわけではない。果物の卸問屋や小売店に向けてもバナナの「最適な」色について教えるチラシや冊子が配布された。例えば、あるフルーツ輸送会社は、食料品店向けにバナナの色と熟し具合とを説明したポスターを配布し、店の倉庫からいつバナナを売り場に移動させるかの目安を周知するなどしていた。皮に緑色が少し残りおおよそ黄色く色づいている状態が、店頭に並べる最適なタイミングだとされた。これは、生で食べるには早すぎるが、数日間は店頭に並べておける熟し具合で、熟しすぎたものを廃棄するロスを減らすことができ、利益率の向上につながったのだ。消費者の多くが、ある特定の色をその食べ物の「自然な」色だと認識するようになったことで、新鮮さや熟し具合を示す色は、生産者や販売者らにとって市場価値を持つ販売戦略の一つとして用いられるようになったのである。

バナナがアメリカで地域や階級を超えて多くの消費者に広まり始めた同じ頃、今日広く親しまれている果物の一つオレンジも、日常食として消費量が拡大していった。バナナのように、オレンジも長距離輸送が難しく、生産拠点となっているフロリダ州やカリフォルニア州から遠い地域では高価な果物であった。例えばクリスマスプレゼントとしてオレンジを子供たちに渡す習慣があるなど、特別な日に食べるものだったのだ。

だが一九一〇年代までに国内の大陸横断鉄道が整備され、次第にオレンジの消費が広まっていった。オレンジの宣伝も積極的に行われ、カリフォルニア州最大の柑橘類協同組合であるカリフォルニア青果協同組合(California Fruit Growers Exchange、以下CFGE)は、同州を拠点に置く鉄道会社、サザン・パシフィック鉄道の資金援助を得て大規模な広告キャンペーンに乗り出した。当時は、家政学や栄養学が(特に女性が学ぶ学問として)大学で広く教えられるようになり、「ビタミン」という言葉が一般的に使われるようにもなっていた。このため、オレンジの栄養価を宣伝文句に取り入れるなどして販売促進が図られた。「ビタミン」という語をアメリカで初めて広告に取り入れたのがCFGEだといわれている。

それまで農業生産者や広告代理店の間では、果物など農産物は広告をうって宣伝をする価値はないという考え方が一般的であった。オレンジは「ただのオレンジ」であり、果物や野菜は特別な宣伝文句をつけて売り出したり、それによって消費を促進できたりするものとは考えられていなかったのだ。まして、ブランド名やトレードマークをつけることなど考えられもしなかった。だが、一九〇八年、CFGEの宣伝を担当していた広告代理店が、オレンジにブランド名をつけて売ることを思いつき、当協同組合を通して販売されるオレンジを「サンキスト」(英語ではSunkistで「kissed by the sun(太陽にキスされる)」をもじったもの)というブランド名で売り出した。この後、バナナの「チキータ」など農産物にブランド名をつけることが一般化していくことになる。特定の生産地域や生産者（協同組合）と結びつけることで、そのブランド名がついた商品が常に高品質であることを、全国市場において、特に顔の見えない不特定多数の消費者に訴えることを企図したのである。

バナナの広告がカラー印刷を使って黄色い色をバナナの象徴として描いたように、明るいオレンジ色で描かれたオレンジが広告など印刷メディアを彩った。これは、オレンジの完熟具合や新鮮さを視覚的に表し、「あるべき（自然な）色」が象徴的に描かれたものでもあった。歴史家ダグラス・サックマンは、カリフォルニアのオレンジ産業に関する研究の中で、CFGEは、オレンジの生産（実際の果物）および表象（広告など）を通してオレンジを技術的および文化的産物として作り出したと論じている。そして、「自然と文化のハイブリッド（混成）」としてのオレンジは、人々が普段生活で目にする視覚環境、そして果物の色に対する見方をも変化させた。農業技術の発展によって物理的にオレンジを改良するとともに、オレンジ色で表象された果物は健康、新鮮さ、自然のシンボルとして構築されていったのである。

果物と色とを視覚的に結びつけ、オレンジを文化的産物として作り出したのは、広告や料理本だけではない。特に二〇世紀初頭の都市部では、道行く人々の注意を引くため、食料品店のショーウインドーに様々な商品を並べ、顧客を店に引き入れることが行われていた。現在でも、例えばデパートや宝石店のショーウインドーなどは、季節ごとにファッショントレンドを取り入れた目にも楽しいディスプレイを見ることができる。こうしたショーウインドーは、すでに一九世紀末頃にはパリなどヨーロッパを含め、都市の新たな視覚環境の一部として誕生していた。今ではファッション関連のショーウインドーが多いが、二〇世紀初頭には、食料品店の入り口近くに飲食物が並べられることもあり、オレンジもウインドーを飾るために用いられた(図4-1)。

当時の広告代理店によると、明るく色づいたオレンジをたくさん並べることで、人目を引いたり店を魅力的に見せたりするだけでなく、大量に仕入れられていることから値段が安いと思わせる効果があったという。後に二〇世紀半ばのデパートのショーケースに並んだ商品についてジャン・ボードリヤールは、「食料品や衣類のお祭り騒ぎは魔法のように唾液腺を刺激する」と述べ、さらに「市場、商店街、スーパーは、異常なほど豊かな、再発見された自然を装い」、「見世物的で無尽蔵の潤沢さのイメージ」を作り出していると論じた[3]。これらは、半世紀ほど遡った食料品店のディスプレイとは規模も内容も異なるものの、ボードリヤールのいうように「見世物的」で「再発見された自然」、「無尽蔵の潤沢さ」は、すでにオレンジやその他の食品を敷き詰めた当時のショーウインドーが物語っている。都市を行き交う人々は、日常的に視覚化された幻想としての豊かさや自然を目にし、カラフルなモノを物理的に商品として、また豊かさを象徴する記号として消費したのである。

オレンジの色は取引価格にも影響した。これは政府が定める野菜・果物の等級の中で、色は重要な基準の一つであり、満遍なく一定の明るさで色づいている商品は品質が良いものとされたからでもある。例えば、一九〇九年一一月にニューヨークで取引されたフロリダ産のオレンジでは、「よく色がついた」ものは一箱当たり二ドルだったのに対し、「緑色で色づきの悪い」ものは一・二五ドルだった。取引価格は、小売店で販売される価格にも反映されたため、色鮮やかに画一的な色がついた果物の方が値段が高く高品質であるという認識を消費者の間にも促すことにつながったといえる。

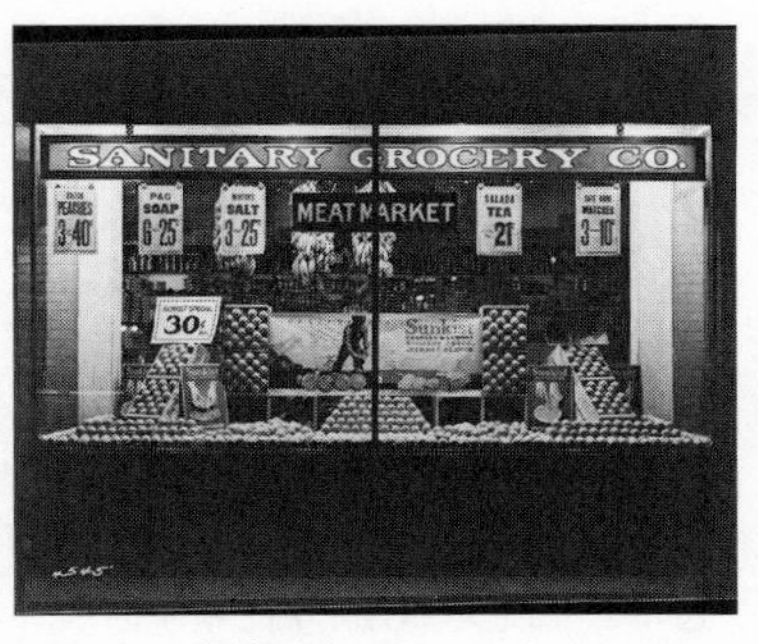

図 4-1　食料品店のショーウインドー(1920 年代)．アメリカ議会図書館．

さらに、果物の色とそれに関連したイメージは、消費者に向けたマーケティングだけでなく、生産者や取引業者らにとっても視覚情報の一部として取り入れられた。先に挙げた、小売店向けにバナナの熟し方を説明したポスターのように、オレンジの流通・販売過程においても色は重要な役割を果たすようになったのである。

例えば、オレンジが出荷される際、果物は通常、配送用の木箱(クレート)に入れられていたのだが、その箱の片側にはカラフルな四角形のラベル(crate label という)が

図4-2　卸売業者らが，高く積み上げられた木箱の中から商品の品定めをしている．木箱の横にはクレートラベルが貼られているのが見える．ペンシルベニア鉄道ターミナル（ニューヨーク市）のオークション会場（1920年代）．国立アメリカ公文書館（photo no. 83-G-30877）．

貼られていた（口絵5）。一九五〇年代に入って木箱よりも安価な段ボール箱が使用されるまでクレートラベルは利用されており、現在ではコレクションの対象となっている。このラベルは主に、卸売市場で商品を見極めるバイヤーや卸売業者に向けてつけられたものだった。卸売市場では、全国から集まった野菜や果物が入った木箱が積み上げられている（図4－2）。その中で生産者らが自分たちの商品がより高い品質であることをアピールし、卸売業者の目を引く手段として、産地や商品ごとに貼られたユニークなラベルは重要な役割を果たしたのである。

ラベルには、オレンジやリンゴなど箱内の商品のイラストが描かれていることが多いが、中には動物などが描かれることもあった（面白さ・独自性も業者の目を引く手段となる）。さらにラベルには、産地や出荷元（協同組合等の名前）が記載されるとともに、背景の色によって商品の等級がわかるようになっていた。オレンジのラベルでは、最高ランク（Aグレード）のラベルの背景は青色で、次ランクのBグレードの場合は赤色、Cランクは緑か黄色と決まっていた。オレンジのイラストをラベルに用いる場合、口絵５にあるように、Ａグレードであれば、青色を背景としてオレンジ色に描かれたオレンジが前面に描かれることになる。青色とオレンジ色は、補色の関係といわれ、その二色を並べた際、互いの色を引き立て合う効果がある。つまり、単に色分けによってグレードがわかるだけでなく、等級の高いオレンジのラベルの方が明瞭に綺麗に見える視覚効果があったのだ。特に木箱がうずたかく並んだ倉庫の中では、色の鮮やかさなど視覚性の高いデザインは重要で、果物の品質(等級)と色・見た目との結びつきがラベルデザインにも表れていた。

オレンジ産業にみる色と競争優位

以上のように、広告やディスプレイ、小売価格など様々な場面で、高品質のおいしいオレンジとオレンジ色とが強固に結びつけられてきた。しかし、必ずしも熟したオレンジが鮮やかなオレンジ色をしているとは限らない。あるオレンジ農家が「自然のいたずら」と呼んだように、気候や品種によっては、果肉が熟していても皮の色が綺麗なオレンジ色にならないこともある。オレンジ色が完熟のオレンジの色だと認識するのは、果物の熟成の過程で皮の色が変化することが大きな理由の一つである。オレンジなど柑橘類は普通、熟すにつれて皮が緑からオレンジ色に変化する。この生理的現象のために、多くの消費者や生産者の間で、緑色は未熟なオレンジだという共通認識ができたといえるだろう。この緑からオレンジへの色の変化は、秋から冬にかけて夜に気温が下がることで促進される。だが、アメリカのオレンジの一大産地であるフロリダ州では、オレンジの収穫期が始まる一〇月頃になっても比較的温暖なため、皮の色が変化しづらいのである。かといって、皮全体がオレンジ色に変化するまで収穫を待っていると、果肉が熟し過ぎてしまい食べられなくなるのだ。一方、アメリカのもう一つのオレンジ産地、カリフォルニア州では、その恵まれた気候のため、オレンジは果肉が熟すのに合わせて一定したオレンジ色に色づく。つまり、栽培環境や生体的な条件、品種によっては、必ずしも皮のオレンジ色が果肉の熟し具合を表しているわけではないということである。

フロリダのような現象は、東南アジアや日本では九州地方などで見られ、例えば日本の場合、「早生みかん」として緑色が皮に残った状態で売られている。東南アジアでも、時期によっては緑色のみかんが一般的に市場で売買されている。これらの地域では、緑色とオレンジ色の違いは、収穫時期や品種の違いとして生産者も消費者の多くも理解しているのに対し、アメリカでは、緑色は熟したオレンジの色ではなく、市場に出しても売れないと考えられていた。これは、後述するようにカリフォルニア州とフロリダ州とのオレンジ市場をめぐる競争が関係していると考えられる。つまりオレンジの「自然な」色(オレンジ)と「不自然な」色(緑)という線引きは、自然界の生体的変化・特徴によって規定されているとともに、市場に出回るオレンジの種類や宣伝広告など、経済的・文化的産物としても構築されてきたといえるだろう。

カリフォルニアではオレンジの収穫時期(冬から春にかけて)を通してオレンジ色に色づいたオレンジを安定的に出荷できるため、フロリダの農家たちは、自分たちも綺麗に色づいたオレンジを作らなければ全国市場で太刀打ちできないと考えていた。一九世紀末から二〇世紀初頭にかけてこれら二つの州が、アメリカ全土のおよそ八〇パーセントのオレンジを生産しており、一九二〇―三〇年代にはフロリダが約三八パーセント、カリフォルニアが五四パーセントの生産量を占めていた。当初は、フロリダオレンジの市場は地理的に比較的近い地域、主に北東部が出荷先だったのだが、オレンジの消費量が全国的に増加すると、フロリダの農家たちは市場拡大に乗り出した。

しかし、フロリダの農家はこぞって、カリフォルニアに近い地域では自分たちの果物は売れないだろうと悲観的だった。カリフォルニア州内やその近隣地域の消費者は、見た目が綺麗なオレンジ色のカリフォルニアオレンジに馴染みがあるため、色づきがそれほど良くないフロリダオレンジには見向きもしないだろうと考えられたのである。フロリダのオレンジ農家の一人は、カリフォルニアオレンジはフロリダよりも「見た目が良い」ため、フロリダの農家たちは「輝くような上等のオレンジ作りにもっと注意を向けるべきだ」と述べ、鮮やかな色のオレンジを生産することがカリフォルニアに対抗する手段だと訴えた。[4] 他の農家の間にも、フロリダの気候や土壌は「香りが良くジューシーな」オレンジを作り出してくれるが、その条件こそが果物の色づきを悪くしていると考える者もいた。[5]

フロリダでは、そもそもこの色の問題―オレンジは明るいオレンジ色が高品質だという認識―はカリフォルニアの柑橘業者、特にCFGEが作り出したものだという見方があった。アメリカでオレンジを珍しい高価な果物から、より一般的な日常食へと変化させたのは、CFGEの広告キャンペーンによるところが大きかったためである。フロリダの農家たちは、CFGEは柑橘業界全体の発展に寄与した立役者だと認めていた一方で、CFGEの広告はオレンジのカラフルなイラストを使うなど、見た目、特に色を強調していたため、「アメリカの消費者は、味や栄養価、ジューシーさなどは無視して、ただ皮の色だけを見てオレンジを買うよう「CFGEに」教育されてしまった」と批判した。[6] これは必ずしもフェアとはいえず、実際、CFGEは、オレンジに含まれるビタミンなど栄養面などについても広告を用いて消費者を「教育」していた。だが、このようなカリフォルニアへの批判から、フロリダ農家らがオレンジの販売・マーケティングにおける色の重要性をいかに理解していたかが見て取れるだろう。

カリフォルニアオレンジに対抗するため、フロリダでは、色の重要性をあえて強調しない宣伝も試みられた。例えば、一九三六年に『ニューヨーク・タイムズ・マガジン』に掲載されたフロリダオレンジの広告では、女性がオレンジを両手に一つずつ持っている白黒のイラストとともに、「グレープフルーツやオレンジは見た目(looks)ではなく、感触で(by feel)買おう」という謳い文句を掲載した。フロリダオレンジは他の地域のものより「四倍もの果汁」を含んでいるので、手で持てば重量感がある。そのため、ジューシーでおいしいオレンジは色ではわからないのだ、というメッセージが込められていた。[7]

さらに、見た目が完璧ではなくともオレンジの味やジューシーさには影響しないことを伝えるため視覚にも訴えた。フロリダ産オレンジのブランド「シールドスイート(Seald Sweet)」を宣伝した冊子や雑誌広告では、鮮やかに色づいたオレンジのイラストの横に、皮が灰色にくすんだものや小さな傷がついたオレンジが描かれていた(口絵6)。そして、皮の色では「何もわからない」が、シールドスイートというブランド名が「全てを物語っている」として、見た目が悪くとも、ブランドが品質を保証していることを強調した。[8]

このように、フロリダのオレンジ農家らは、様々な手段を用いて、消費者が思い込んでいるであろう、オレンジの「正しい」色と味の関係が、必ずしも正しくはないことを訴え、理解を促そうとした。フロリダの農業生産者らは、カリフォルニアとの激しい市場獲得競争に直面したことで、自分たちが考える「自然な」「熟した」オレンジの色をオレンジの皮に投影していたともいえる。こうした手段をとらざるをえなかったのは、広告や果物の等級、小売価格などを通して、消費者のみならず生産者や小売・卸売業者らの間でも、果物のあるべき色・品質の高い色という認識が次第に画一化され作り出されてきたからでもある。農産物の大量生産が進み、市場が拡大することで、競争力を強化する手段として、ある特定の色を作ったり管理したりすることが不可欠になってきたのである。

オレンジは何色か?

フロリダ農家らは、広告や冊子を通して、味やジューシーさなど、色以外の要素の重要性を訴える一方、見た目の良いカリフォルニアオレンジに対抗するため、そして多くの消費者の「期待」に合う色を提供するため、生産過程において実際にオレンジの色を操作するようになった。ただ、皮肉にもオレンジは鮮やかなオレンジ色でなければならないと考えていたのは、フロリダのオレンジ農家たち自身だったのかもしれない。

オレンジなど果物や野菜の色を操作・管理するには、植物の成長過程を調整することが必要である。色は、実が熟すにつれて変化するため、例えば、消費者が店頭で手にする時に完熟した(もしくは完熟直前の)色になるよう、果物・野菜の成長を遅らせたり、早めたりする。バナナなどは、木(茎)から刈り取り収穫すると、成熟促進効果があるエチレンと呼ばれるガスを発生するようになり実が熟すとともに、皮の色が緑から黄色に変化する。果物業者は、バナナ収穫後は冷蔵倉庫で保存することで、エチレンによる成熟を遅らせ、出荷時期に応じて成熟スピードを調整している。このエチレンガスは、オレンジやリンゴ、トマトなど多くの果物や野菜で成長を調整するためにも用いられている。

アメリカでエチレンが本格的に農業生産で利用されるようになったのは一九二〇年代初頭である。それまでは、果物や野菜の成熟促進効果があるとされていた石油ランプやストーブから排出される燃焼ガスが用いられていた。ランプやストーブをつけた倉庫の中に、収穫したオレンジなどを並べておくことで成長を調整していたのだが、燃焼ガスの石油系の匂いがオレンジに付着してしまう他、常に火事の可能性を抱えていた。

一九二三年、アメリカ農務省に勤める化学者フランク・E・デニーが、エチレンの成熟促進効果を解明すると、それ以降、化学メーカーにより生産・販売されたエチレンが野菜や果物の成熟に用いられるようになった。柑橘産業でもエチレンは広まり、一九三一年時点で、フロリダではおよそ三分の二の柑橘農家が、カリフォルニアでは半分近い柑橘農家が使用するまでになった。実が熟す前に収穫し、出荷時期に応じてエチレンで実の成熟、および皮の色の変化を促していた。これによって、フロリダ農家が抱えていた、皮の色が変化する前に実が熟すという問題もある程度解決することができたのである。

しかし、エチレンは必ずしも完璧な解決策ではなかった。エチレンを使用すると、オレンジの果肉が腐りやすくなったり、皮の色づきがまばらになったりする傾向があった。こうした問題を解決すべく新たな着色方法が考案された。それが、「色添加法（color-add process）」である。これは、ミネソタ大学の植物生理学者ロドニー・B・ハーヴィーとフロリダの果樹園オーナー、フランク・シェルによって一九三三年に考案されたものである。収穫したオレンジを洗浄したのち、合成着色料が入った容器に浸して皮に着色するという方法だった。カリフォルニアを拠点とする農業機器メーカーのフード・マシナリー社は、ハーヴィーとシェルから特許を買い取り、着色機械の製造・販売に乗り出した。

色添加法は、着色料を使用するため皮に満遍なく色がつき、仕上がりにムラができづらかった。またエチレンを用いる場合と比べ、大幅な時間短縮となった。エチレンで成熟を促進し色をつける場合は二、三日必要だったが、着色料の場合はおよそ五分というスピードであった。また、エチレンも着色料もコストはほとんど変わらなかったことから、効率的にも、見た目の仕上がり的にも、色添加法の方が好ましく、特にフロリダのオレンジ業界ではこの方法が瞬く間に取り入れられた。だがカリフォルニアでは、着色料などに頼らなくとも、エチレンで十分だという意見が優勢で、むしろ着色料使用に反対する農家が多かった。

農作物に合成着色料を使って着色する方法は大きな議論を呼んだ。連邦政府機関で食品の取り締まりを行うアメリカ食品医薬品局の副長官は、「自然の食品を人工的に着色することは好ましくない」と述べ、色添加法はフロリダ柑橘産業の評判を上げることにはならないとして、この新しい着色法に否定的な意見を述べた[9]。しかし、政府としてこれを禁止することは難しかった。なぜなら、連邦政府の食品規制では、着色によって味などの品質を偽ったり、原材料を公表していない場合には違法とされたが、フロリダのオレンジの場合、果肉は十分に熟したものであり、未熟な果物を成熟しているように見せるために(事実を偽って)着色しているわけではなかったからである。また、使用された合成着色料は、連邦法で食品への使用が認められたものであった。

ただ、着色料使用に積極的には賛成しないまでも、フロリダの農家たちが訴えるオレンジの色の重要性に理解を示す政府関係者も少なからずいた。農業経済局(農務省内に設けられた機関)の局長は、「果物が木になっている時には味と色の間に明確な関係性はなくとも、果物が一旦売り物になると、色と値段との間に重要な関係が生まれる」と語った。そして、オレンジ生産者らは「果物の色を味に合わせなければならないという問題に常に直面してきた」と述べ、市場における色の重要性とともに、「緑色をした完熟オレンジ」のように色が「自然な」ものでない場合には、味に「合わせ」なければ商品として売れないとして、フロリダでのオレンジ着色に一定の理解を示した[10]。

賛否両論繰り広げられる中、結局フロリダ柑橘業界は色添加法を正式に開始し、一九三四年四月、最初の着色されたオレンジがニューヨークに向けて出荷された。その後、フロリダではこの方法が広く利用されるようになり、一九四六年には、同州から出荷された全オレンジ三〇〇〇万箱のうち、およそ七〇パーセントにあたる二一〇〇万箱が合成着色料で着色されたものだった。

自然と人工の境界

フロリダでオレンジの着色が広まってからも、着色料使用に関する議論は政府や業界関係者の間で続けられた。これらの論争は、農業の機械化・工業化によって峻別が難しくなってきた「自然」と「人工」の境界を問い直すものでもあった。着色料使用に反対する政府関係者や一部の柑橘農家らは、エチレンと着色料との違いについて、前者は「自然」、後者は「人工的」な手法だとして、これらの差別化を図ろうとしたのである。

フロリダで色添加法が取り入れられて間もなく、着色料使用の安全性を調査するため、連邦政府内に柑橘類着色色委員会が設置された。委員の多くは着色料使用に批判的で、中でも目立った議論がエチレンとの比較である。ある委員は、エチレンは、すでにオレンジの中に備わっている色素に働きかけ「自然界の(成熟)過程を単に促進」させているだけで、果物内に隠れている色を自然と全く同じ方法で出現させているのだとし、エチレンの使用の正当性を主張した。[11] こうした意見は大勢で、エチレンの使用に対して規制が設けられることはなかった。一方、着色料の場合は、全く自然界に存在しない物質を果物の皮に塗布するものであり、両者の間には根本的に大きな違いがあるとされた。

こうした反発を受けて、フロリダ州政府および連邦政府は、着色料の使用規定やオレンジの品質基準を定め、色添加法の規制を敷いた。まず連邦政府は、着色料を使用したオレンジには、「COLOR ADDED（着色料添加）」というスタンプを皮に印字してから出荷するよう求めた。またフロリダ政府は、一般に定められているオレンジの品質基準よりも厳しい基準を着色オレンジに適用し、未熟なオレンジなど低い品質のものに対して着色が不正に行われないよう取り締まった。例えば、着色したオレンジを出荷するためには、着色していないオレンジよりも果汁含有量が多く、熟し具合や甘さもより高いものでなければならなかった。

通常よりも厳しい品質基準をクリアしたオレンジのみ着色が許可されたことから、フロリダのオレンジ農家の間では、皮につけられた「COLOR ADDED」というスタンプは、高品質の印として消費者に受け入れられるのではないかという楽観的憶測も広まった。だが、その期待は大きく外れ、消費者からは厳しい反対意見が聞かれた。例えば、一九四〇年に色添加法について特集記事を掲載した『ニューヨーク・ヘラルド・トリビューン』紙には、消費者から多数手紙が寄せられ、「着色料自体は有害ではないかもしれないが、消費者を騙す」行為であるとか、「少しでも良識や、木の上で熟した甘いオレンジを味わう感覚を持ち合わせているなら、いかさまのオレンジ」を食べる人などいないという意見もあった。また、同紙に手紙を寄せた消費者の中には「いかなるオレンジも、完全なオレンジ色に変わるまで、熟しているとは言えない」という人もいた。[12] これは、着色料を使うことに反対する意見が多いとともに、何の手を加えずともオレンジの「自然な」色はオレンジ色であるべきだという考えが頑ななまでに存在していたことも示唆している。

このオレンジの着色をめぐっては、オレンジ生産者の中でも意見が分かれており、色添加法が広まったフロリダ州内でも着色に懸念を示す者もいた。同州で色添加法をいち早く取り入れたオレンジ農家の一人は、着色は消費者を騙す詐欺行為だと考えるようになった。そして、フロリダの農家たちは「昔の方法に戻り、機械化に頼るべきではない」とも訴えた。[13] また同様に、「自然に介入するのは間違っている。もし自然がなすべき仕事を自分たちがやっているのだとしたら、それは大きな間違いだ」として、農業生産において「自然の摂理」に逆らう行為、つまり着色料の使用はするべきではないという見方をする者もいた。[14]

色添加法に反対した人々にとって、農作物に合成着色料を使用することは、「自然」と「人工」の境界、また農作物(=自然の恵み)と加工食品との境界、を曖昧にするもので、超えてはならない一線として理解されていたといえるだろう。農業が機械化した二〇世紀転換期以降、歴史家デボラ・フィッツジェラルドが述べたように「農場は工場」と化した。[15] フォーディズムや大量生産された工業製品が象徴したような科学技術や合理性が、農業生産にも適用され、化学肥料や大規模な農業機械が広大な田畑で用いられるようになった。着色料もこうした「農場の工場化」の一部として、生産性を後押しするものであった。つまり、機械や化学物質によって「自然の」恵みが「人工的」手段によって大量生産されるようになったのだ。その一方で、広告や雑誌を彩るカラフルなイラストは、「自然」を理想化した神話的イメージを描き出すとともに、「(作られた)自然」がどのように見えるべきかを写し出していた。これら物理的な色の操作・生成と、認識的・文化的な色の構築によって、食べ物の「自然な」色が作り出されてきたのである。

第五章　フェイク・フード

バナナやオレンジなど「熱帯の果物」が珍しい食べ物から見慣れたものになりつつあった二〇世紀転換期は、缶詰やマーガリンなど、今日我々の食卓に並ぶ加工食品が誕生し始めた時期でもある。桃やパイナップル、グリーンピースの缶詰などは、収穫時期にしか食べられなかった生鮮食品の代わりとして、人々の食卓にのぼるようになった。ただし、缶詰が市場に出回るようになった一九世紀末は、缶詰は高価な食品で誰もが購入できたわけではない。労働者階級を含め比較的広く缶詰が広がり始めたのは、二〇世紀に入ってからである。一方、同時期に商品化されたマーガリンは、バターの安価な代替物として開発された食品で、当初はその利用者の多くが労働者階級であった。

缶詰やマーガリンは、その開発目的が異なってはいたものの、いずれも他の食品(生鮮食品やバター)の見た目や味を真似た「模造(フェイク・フード)」食品だといえる。だが次第に、これら代替品そのものが、代替ではなく一つの食品として認知され広まっていくことによって、もともと「模造」(または偽物)だった色や味が、「本物」の標準としてさえ用いられるようになったのである。

本章ではこのようなパラドキシカルな「本物」と「偽物」の関係性の変化について、バターおよびその代替品として販売されたマーガリンに焦点を当てて考えていく。そして、本物と偽物とのせめぎ合いの中で、いかに食品の色が政治的・経済的・文化的闘争を通して作り出されてきたのかみてみよう。

黄色いバターと白いバター

農業や食品産業の中で、食べ物の色の市場価値をいち早く見出していたのが、バターやチーズ生産に従事する酪農家らである。フランスでは遅くとも一四世紀までにバターの人工的な着色が行われており、その後、アメリカでもバターやチーズの着色は比較的一般的に行われた。

バター(およびその原料となる牛乳)の色は、牛の餌や搾乳時期、牛の種類によって決まる。緑色の新鮮な草を餌とする初夏から夏にかけては、草に含まれているカロテンと呼ばれる色素の影響で、黄色がかったバターができあがる。一方、枯れ草や穀物などが餌となる秋から冬場にかけては白っぽいバターとなる。またカロテンは、バターや牛乳に風味を与える役割もあり、白いバターよりも黄色い方がおいしいバターだと考えられていた。バター生産者らは、初夏のバターの色を「ジューン・シェイド(六月色)」と呼び、この明るい黄色こそが本来のバターの色だとして、特に冬場には着色料を用いて色をつけるようになったのである。

バターの着色には様々な原料が用いられた。食品向け合成着色料の使用が一般的となる一九世紀末までは、マリーゴールドやニンジンの絞り汁など植物由来の原料が主流であった。中でもアナトーと呼ばれる中南米原産の植物の実から抽出されるエキスは、バターやチーズなど食品着色に広く用いられた（現在でも使用されている）。一八七〇年代頃にはアメリカでは、クリストファー・ハンセン・ラボラトリー社やウェルズ・リチャードソン社といった着色料メーカーが、アナトーを原料に着色料の製造に着手し、バター着色専用の商品を「バターカラー」という名で売り出した。

このバターカラー商品は、バター生産者自らが着色料を作る手間を省いただけでなく、バターの色の画一化を促進することにもなった。バター農家らがそれぞれニンジンの絞り汁などを使って着色をした場合には、着色原料そのものの色が生産者によって異なるため、完成品の色も季節や人によってバラバラになる傾向があった。だが、既製の着色料を使うことで、容器から一定量の着色料を注げば、いつでも誰が作っても同じバターの色を作り出すことができるようになったのである。

一八七〇年代頃からは、バターカラーの原料としてアナトーに代わり合成着色料が使われるようになった。これにより、着色料の価格が下がるとともに、褪色しづらくより安定した色を

HOW TO INCREASE THE VALUE OF BUTTER.

Bean & Perry's Natural June Butter Color* has no Equal!

We Claim for it Every Point Wanted in a Perfect Butter Color.

To every dairyman who wishes to obtain the highest degree of excellence in his productions we wish to call attention to the following reasons why we claim superiority over all others:

1st.—It does not color the butter-milk.
2nd.—It contains no acids or alkalies, consequently works uniformly, no matter what degree of sourness the cream may possess.
3rd.—It gives the butter a Natural June Color.
4th.—Butter prepared with it gives the highest market price.
5th.—It is entirely harmless, saves time, labor, and returns you twenty dollars for every one dollar invested.
6th.—It imparts no taste to the butter, but improves the flavor and keeping qualities.
7th.—Perfect keeping qualities. It does not mould, sour or spoil in any way. It has a decided tendency to preserve butter.
8th.—It requires no labor, as it is a liquid that is put in with the cream in the churn.

It has been an almost invariable rule at the fairs and dairy shows held in the last two years, the butter colored with this color has carried off the highest premiums. It is the strongest endorsement possible for its merits. This is the only color in the market which is positively guaranteed to give satisfaction.

Put up in three sizes, 25c, 50c., and $1.00 per bottle; also by the gallon.

BEAN & PERRY MF'G CO.
Sole Proprietors and Manufacturers, ROCKFORD, ILL.

For Sale by all Druggists and Grocers.

図 5-1　19 世紀末にバターカラー(着色料)の製造・販売メーカーが配布したトレードカード.「バターの価値を上げる方法」という見出しとともに，当社の商品を使うことでいかにバターの色を均一に綺麗に仕上げられるかが記載されている．トレードカードとは，商品名や企業名を記した販促用の名刺のようなもので，表面にはカラフルなイラストが描かれたものも多く，カード収集も人気を集めた．国立アメリカ歴史博物館（アーカイブセンター，ウォーショーアメリカ経営史コレクション）.

作ることが可能になった。例えば、一九〇七年時点で、植物由来のバターカラーは、一ガロン(=約三・八リットル)当たり二ドルだったのに対し、合成着色料で作られたものは一ドル六〇セントほどで販売された。また合成材料は、色味が植物由来よりも強く、少量で同程度の色を再現することができたため、実際にかかる費用はより安いことになる。着色料メーカーは、合成着色料で作った自社商品が、常に鮮やかで理想的な色を、これまでにない低価格で着色できることを強調し、着色料の使用を促した(図5−1)。例えばウェルズ・リチャードソン社の広告では、「良いバターの色は、より大きな利益につながる」と謳い、色がバターの売り上げに直結することを訴えもした[1]。

バターの色の市場価値が広く認められるようになった要因の一つが、各地で行われた品評会における評価基準である。ニューヨーク州やウィスコンシン州など酪農が盛んな地域では、州政府の農業関連機関や地元の酪農業者協同組合の主催で、農家や組合団体ごとにバターやチーズの品質を比較する品評会がしばしば開催された。この品質判断の基準の一つとなったのが色(程よい濃さで画一的に色づいていること)だったのだ。バター生産者は、自身の商品が高評価を得るため、その見た目作りに苦心したのである。また、着色料メーカーは、品評会で好成績を収めた農家が自社商品を使っていた場合には、広告に掲載し販売促進に利用したりもしていた。成績優秀者に賞金を出すメーカーもあり、品評会は、着色料メーカーが商品の宣伝をする場であるとともに、バターの着色自体も促す場となったのだ。

人造バターが脅かす酪農産業

酪農家らがバターの色の重要性をより強く認識するきっかけとなったのが、マーガリンの誕生である。これは、「バターの安価な代替品」として生まれたマーガリンが、バター生産者にとって大きな脅威となったためである。ヨーロッパ諸国では、バターの生産量が少ない年には、脱脂乳や牛脂などを使ってその代替品を作ることが古くから行われてきた。だがこれら代替品の生産はあくまで臨時的なものであり、大々的なビジネスとして確立されたものではなかった。

今日のようなマーガリンがバターの「代替品」として生産・販売されるようになったのは、一八六〇年代末、フランス人化学者イポリット・メージュ＝ムーリエがナポレオン三世の命を受けて開発したことに始まる。メージュ＝ムーリエは、主原料に牛脂からとれるオレオ油を用い、それに少量の牛乳と着色料を混ぜることで価格を抑えた代替品を作り出し、これを「人工バター」と呼んだ[2]。彼は、一八六九年にフランスとイギリスで特許を取得し、二年後にはオランダのバター問屋アントニウス・ヨハネス・ユルゲンスとその息子らに売却した。その後ユルゲンスは、マーガリンの商業生産を本格的に始め、間もなくヨーロッパ周辺諸国にも広がっていった。ちなみに、後にユルゲンスの会社は他の複数の企業と合併し、今では世界有数の消費財メーカーとなったユニリーバが設立された。マーガリンはユニリーバの主力商品の一つだったものの、同社は、二〇一七年、マーガリン部門の売却を発表した。

特にオランダやドイツ、デンマークでは、一九〇〇年までにマーガリンの消費量が、バターとほぼ同程度もしくはそれ以上にまで増加した。例えばデンマークでは、一九〇〇年の国民一人当たりの年間バター消費量が約七キロだったのに対し、マーガリンは八キロ近くに及んだ[3]。マーガリン消費拡大の理由の一つが、その価格である。それまでバターを購入できなかった労働者階級や農業従事者ら低所得者層の多くが、バターの代わりとしてマーガリンを使うようになったのである。また、バターの多くは、イギリスをはじめとする他のヨーロッパ諸国へ輸出されていたことも、自国でマーガリン消費が拡大した要因である。

マーガリンは、工業化と大量生産システムの進展を背景に生み出された最初の加工食品の一つである。また、ヨーロッパ以外の国・地域でも生産が始まり、最初にグローバル化が進んだ食品の一つでもあった。例えば日本では、マーガリン誕生間もない一八八七年に初めて輸入され、「人造バター」として販売された（図5-2）。一方、バターが日本に入ったのは一四世紀で、当時は形がかまぼこに似ていたことから、「牛かまぼこ」と呼ばれ「牛酪」と書くようになった。一九〇八年には、横浜に本社を置く帝国社（後の帝国臓器製薬。現在のあすか製薬）が初めてマーガリンの国内生産を始めた。第二次世界大戦後には、植物性硬化油の採用、脱臭技術の進歩、ビタミン強化などによって、味も風味もバターに引けをとらないものができるようになり、その生産が拡大していった。一九五四年には、「人造バター」に代わり「マーガリン」を統一名称として販売されるようになった。

図5-2　マーガリン（人造バター）広告．『料理の友』（1936年5月号）．味の素食の文化センター．

アメリカでは、メージュ＝ムーリエが同国の特許を取得した一八七三年以降、一挙にマーガリン生産が広まり、一八八〇年代までに少なくとも八〇のマーガリン生産工場があったといわれている。マーガリンの主原料は、バターと異なり牛乳ではなく牛脂だったため、食肉加工業大手のアーマー社やスウィフト社らもマーガリン生産に乗り出した。これらの食肉業者は、マーガリン生産のみならず、牛脂を他のマーガリン製造業者に販売し、原料供給者としての役割も担っていた。

マーガリン消費量が拡大したヨーロッパ諸国とは異なり、生産開始後もアメリカでは依然としてバターの需要が高かった。マーガリン消費量が初めてバター消費量を抜いたのは一九五七年のことである(図5－3)。それにもかかわらず、バター生産者らは、一ポンド(約四五〇グラム)当たり一〇から二〇セント程度安く販売されたマーガリンに市場を奪われることを恐れ、マーガリン業者に激しく反発した。そして、酪農業者協同組合や州・連邦政府とも協力し、マーガリンの生産や販売を阻む施策に乗り出したのである。

当時、酪農は、アメリカの農産業の中で特に強い力を持っていた。酪農生産者、卸問屋や小

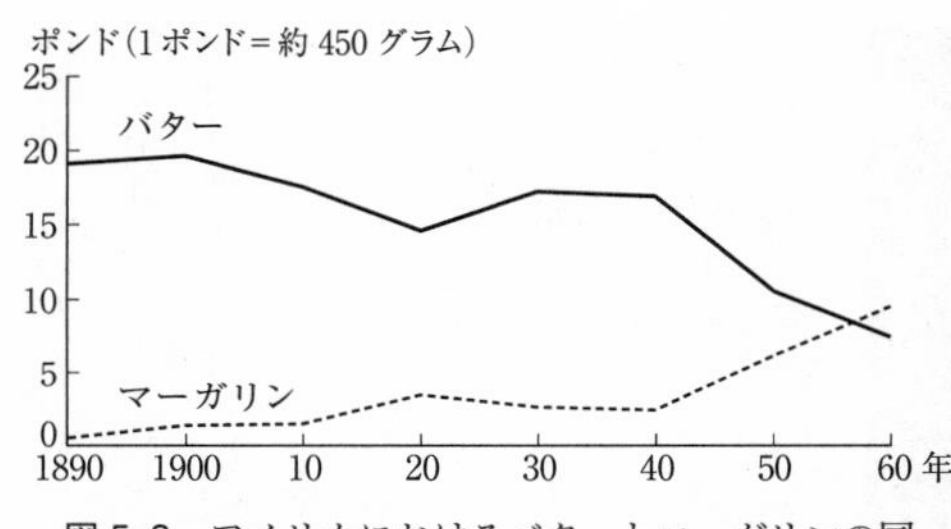

図5-3　アメリカにおけるバターとマーガリンの国民一人当たり消費量. Ruth Dupré, "'If It's Yellow, It Must be Butter': Margarine Regulation in North America since 1886," *Journal of Economic History* 59, no. 2(June 1999)より作成.

売店など関連業者を合わせると全国でおよそ五〇〇万人もが従事する一大産業で、政府に対するロビー活動の圧力は強力なものだった。マーガリン生産が始まった一九世紀末のアメリカは、重工業が発展しつつあったものの、依然として農業国であり、特にウィスコンシンやニューヨーク、ペンシルベニア、ミネソタなど酪農が重要な産業となっていた州では、政府も酪農生産者らに同情的で、新興産業であるマーガリン業者への風当たりは強いものであった。こうした州では早々にマーガリン規制法が制定され、生産・販売を禁止する州も出てきたのである。

自然の黄色は誰のもの？

マーガリンを規制するにあたって、バター業者らは、偽装販売から消費者を守ることを理由にその取り締まり強化の必要性を主張した。マーガリンの販売が開始された当初、マーガリンもバターも現在のように個包装されていたわけではなく、小売店のカウンターに置かれたマーガリンもしくはバターの塊から、客の注文に応じて必要な分量をとり販売する方法がとられていた。そのため、生産工場から小売店に運ばれた後は、消費者の目にはマーガリンもバターも同じ黄色い塊にしか見えず、区別することができなかったのだ。小売店の中には、バターの方が価格が高いため、安いマーガリンを仕入れ、バターと偽って販売する者も出てきた。酪農業者らは、バターとの違いが一目でわかるようにするため、マーガリンを別の色で販売するよう法律で義務づけるべきだと訴えた。

さらにバター生産者らは、「自然が作り出す黄色」はバターの「トレードマーク」であるとして、バター生産者が「占有する権利」を保持しており、バターの代替品、模造品として作られているマーガリンにはその黄色を使う権利はないと主張したのである。これに対しマーガリン業界は猛反発した。そもそもバターの色も、必ずしも「自然な」状態のものではなく、前述の通り、特に冬場は着色されることが多かった。だがバターの着色を規制する法律はなく、マーガリン生産者らは、マーガリンの着色のみ規制するのは不公平だと訴えた。そして、もしバターの黄色が自然のものであるならば、誰も自然を所有する権利はなく、尚更バター生産者のみが独占すべきではないと反対したのである。

バター生産者のみならず、マーガリン生産者、さらに多くの消費者の間では、バターの「本来」の色は明るい黄色だという認識が強かった。そのためマーガリン業者および酪農家ともに、バターの代用品であるマーガリンは黄色以外(つまりバターには見えない色)では売れるはずがないと考えていた。すなわち色を規制することは、マーガリンの競争力低下とその生産・販売規制を意味していた。こうして、色がバターとマーガリンの対立の最重要争点の一つとなっていったのである。

偽物を真似る本物

マーガリンの誕生によって、バター生産者らは、より一層、色の重要性を強調するようになった。これまでは季節にかかわらず同じ色のバターを提供することが目的だったが、マーガリンが脅威となったことで、マーガリンと差異化を図るという新たな目的が加わったのである。バターのように見えるマーガリンと区別をするため、バターを「よりバターらしい」色にするという状況が生まれたのだ。一九〇〇年代初頭、酪農業者らによる全米組織「全国酪農組合」の幹部委員は、組合のメンバーに向けて通知を出し、「酪農業界の救済」のためには、マーガリンと「区別できるよう、バターの標準色を維持し続けなければいけない」と語った。そして、バターの標準となる色は、マーガリンメーカーが真似できないほどの明るい黄色にすべきであり、これによって偽物を排除できると述べた[4]。

しかし、色を含めバターの標準化は容易ではなかった。アメリカでは一九一〇年頃まで、酪農業、特にバター生産は小規模農家が乳業やその他の農業生産の傍らに行う副業的な傾向が強く、その流通も地域ごとに行われていた。一八六〇年代にはクリーマリーと呼ばれるバターやチーズの製造所が各地に作られ、農家が生産した牛乳を収集しまとめてバターやチーズを生産・出荷するようになった。だが、一九一〇年代末までは、こうした製造所は小規模で、依然として農家ごとにバター生産は行われていた。

このため、バターの質は個々の農家のスキルや知識、保有している生産機械等に左右され、全国で画一的なバターが販売される今日の状況とは大きく異なっていた。バターの色についても標準化からはほど遠く、酪農産業向けの業界紙や農業新聞は、バターの色に常に注意を配るよう農家らに訴えた。ある記事は、多くの農家がバターに使用する着色料の量をきちんと計らず、目分量で入れている状況を指摘し、こうした「軽率さ」ではバターを同じ品質で作ることはできないと批判した[5]。酪農組合や地元の政府機関は、酪農技術や知識を広めるため、バターの基本的な作り方をはじめ、常に同じ色のバターを作るための指導を度々行ってもいた。

ただ、バター生産者全てが着色に賛成していたわけではない。酪農産業界の中では少数派ではあったものの、特に着色料を使用することには、消費者を騙すことにつながるという声があった。だが、着色料使用反対派の間でも、ある程度画一化された黄色いバターを生産することは必要だという見方が強かった。一部の新聞は、着色料を使うのではなく、例えば牛の餌にニンジンなど黄色(またはオレンジ色)の色素を含む植物を混ぜて食べさせることで、牛乳およびバターに黄色っぽい色味をつけることを推奨した。着色料は「人工的」な色の操作だが、餌の材料を調整することはあくまで「自然な」生産方法だと考えたのである[6]。だが、バターの色素が餌の一部に由来するものであったとしても、故意(人工的)にバターの色を作り出していることに変わりはなく、「自然」と「人工」の線引きの難しさ、その境界のファジーさを示唆しているといえよう。

マーガリンの「自然な」色

アメリカでマーガリンが登場してからおよそ一〇年後、一八八〇年代に入ると、多くの州政府は、マーガリンの色に特化した規制を敷くようになった。これらの規制は、通称「反着色法(anti-color law)」と呼ばれ、例えば一八八六年に全国で初めて色によるマーガリン規制を導入したニュージャージー州は、「バターに似せた」色で着色したマーガリンの製造と販売を禁止した。一八九八年までに二六の州で反着色法が成立し、ヴァーモント州やニューハンプシャー州など一部の州では、着色そのものを禁止するのではなく、マーガリンはピンク色に着色して販売しなければならないという法案まで出された。

従来のマーガリン規制では、色によらずマーガリンとして製造されたものは全て規制対象となっていた。だが、前述の通りバターとの見分けのしづらさなどから、取り締まることが難しかった。そのため、マーガリンの見た目(色)が明らかにバターと異なるように生産・販売させることで区別しやすくするとともに、マーガリンの販売を抑止する効果を狙ったのである。当時販売されていたマーガリンのほとんどは黄色く着色されていたため、実質的にマーガリン業界全体の規制につながると考えられていた。これは、バター業者も政府関係者らも色の市場価値や有効性、さらには色が競争力を高めも弱めもする武器となりうることを理解し、それを規制手段として用いたことを意味している。

こうした政府規制は、裁判所の判決によってその正当性や合憲性が認められることとなった。一八九四年、合衆国最高裁判所は、バターに見えるよう着色したマーガリンの販売を禁止する州法は合憲であると判断した。判決では、マーガリンは「バターの模倣品」として「人工的に着色」されたものであり、本来その「自然な」色は「薄い黄色」だという認識が判断の基準となった。一方、少数派であったものの、この判決に反対票を投じた判事の一人は、マーガリンの「自然な色」はそもそもバターと同じ色であるとして、バターも人工的に着色して販売されているためマーガリンの着色のみ規制すべきではないと主張した。

ここで興味深いのは、判事らの間でマーガリンの色がバターと同じか否かという点では意見が割れたものの、そもそもバターの「自然な」色は濃い黄色であるという前提では一致していたことである(バターは必ずしも黄色ではないにもかかわらず)。さらに、この判決では人工着色すること自体は争点にはなっておらず、またそれが違法だという見解も出ていない。つまり、一九世紀末の時点ですでに、食品を人工的に着色することは、食品の生産過程において合理的かつ必要なプロセスだと認識されていたということである。

黄色い(バターを真似た)着色の規制は合憲とされた一方、マーガリンをピンク色に着色することを定めた法律は違憲であるという判決が一八九八年最高裁によって下された。マーガリンを「自然な状態」ではない色にすることは強制できないとし、ピンク色のマーガリンが市場に出回ることはなかった。ただこれも、マーガリンの「自然な」色が何であるのかを裁判所が判断を下した一例として興味深い。どのような色が法規制の対象となりうるのかや、マーガリンの色がいかに規制されるべきなのかを、政府そして裁判所が判断したことは、食べ物(この場合はマーガリン)のあるべき色が生産者や市場によって決められるだけでなく、政治的にも規定されてきたことを示唆している。

これらの規制は州ごとの法律だったため、州を跨いでの拘束力はなかった。そのため、バター業界は全国規模の規制を連邦政府に求めロビー活動を行った。一八八六年に制定された最初の連邦法「マーガリン法」は、マーガリンが着色されているか否かによらず、一律一ポンド当たり二セントの税金を課した。その後、連邦政府は、さらなる規制強化を求めるバター生産者らに対応する形で、一九〇二年には改正法を制定した。一八八六年法ではマーガリンの色は規制対象とはされていなかったのに対し、一九〇二年の改正法は、色が規制の重要な基準とされた。黄色く着色されたマーガリンには、一ポンド当たり一〇セントという前回の五倍もの税金が課され、一方、着色されていないものは、課税額が引き下げられ一ポンド当たり四分の一セントの課税となった。

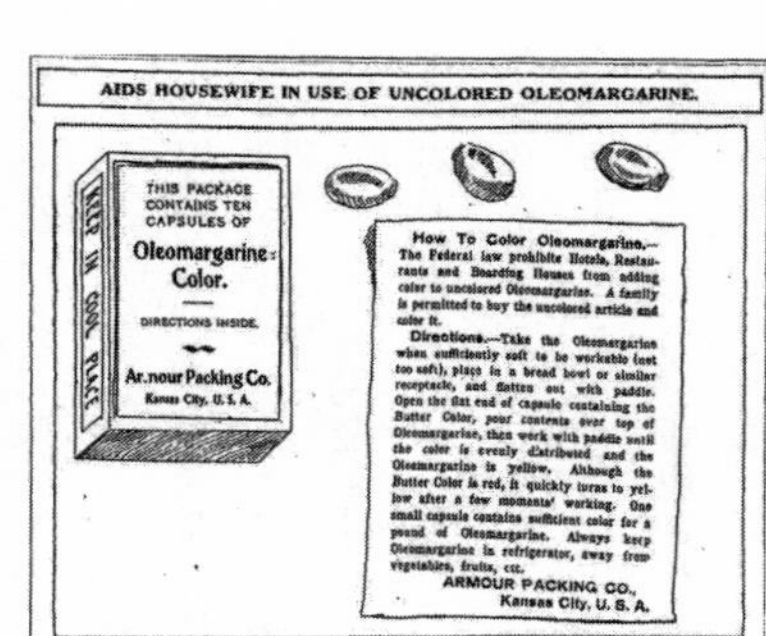

図 5-4　マーガリン着色用カプセルの広告．食肉加工業者でマーガリンの製造販売も行っていたアーマー社による新聞広告で，着色料カプセルを周知するとともに，マーガリンの着色方法を説明している．『*Chicago Tribune*』(1902 年 6 月 27 日)．

アメリカでこうしたマーガリン規制法が制定されたのに先駆けて、ヨーロッパ諸国ではすでにマーガリンの生産や販売を制限または禁止する規制法が成立していた。イギリスでは、法令として成立しなかったものの、マーガリンを赤色にするよう定めた法案が出された。酪農大国でもあったデンマークやフランスは、バターの色に似せてマーガリンを着色することを禁止した。これらの法案や規制の内容からもわかるように、ヨーロッパ諸国でもアメリカでも、バター生産者および政府関係者らは、バターとマーガリンの見た目を明確に区別することが最も効率良く、そして有効にマーガリンの生産と販売拡大を阻止できると考えていた。

マーガリンの生産量および消費量が特に拡大したデンマークでは、マーガリン業者が生産規制に対抗して新たな施策を打ち出した。その一つが、黄色い着色料を小さな容器に入れ、マーガリンと一緒に提供することであった(通常、着色料は無料でマーガリン購入者に手渡された)。消費者は、自宅で自ら着色料を混ぜてマーガリンを黄色くし、食したのである。マーガリンは、ラードなどのように料理に混ぜて使われる場合もあったが、バターの代わりとして使われる場合には、そのまま食卓に出してパンに塗ることも多かった。バターの「自然な」色は黄色だと考える消費者は多く、その代替として使うマーガリンも黄色いものを求めたのである。

このデンマークの事例はアメリカでも取り入れられ、一九〇二年法の成立後、多くのマーガリン業者は、高額の税金を避けるため、着色をしていないマーガリンを製造販売すると同時に、黄色い着色料をカプセルに詰めて無料でマーガリン購入者に配布した(図5-4)。マーガリン業者の一つ、ジョン・F・ジェルク社は、こうした新しい販売方法と家庭でのマーガリン着色を周知するため、消費者向けに発行した冊子の中で着色方法をイラストつきで説明していた[7](図5-5)。このような家庭でのマーガリンの着色は、課税法が撤廃される第二次世界大戦後まで続き、家事労働の一つとして次第に定着していった。

図5-5 ジョン・F・ジェルク社マーガリン販促用冊子(1916年). ハグリー・ミュージアム&ライブラリー(リッチフィールドコレクション).

もう一つの対抗手段としてマーガリン業者が始めたのが、着色料を用いることなく「自然に」黄色味をマーガリンにつけることだった。マーガリンは当初、牛脂など動物性油脂が主な原料だったのだが、植物油を固形に固める技術が開発されたことで、牛脂よりも安価なパーム油やコナッツ油など植物性の油が用いられるようになった。マーガリン生産者にとって植物油の魅力は、その値段だけでなく、色にも関係していた。これら植物油は、含まれている成分によってわずかに黄色っぽい色をしたものもあり、マーガリンの原料にすることで黄色みがかった商品を作ることができたのである。一九〇二年法では、「人工的な着色」が課税対象となっていたものの、何をもって「人工的な着色」とするのかまでは明示されていなかった。そこでマーガリン生産者らは、これら植物油はマーガリンの主原料であり、着色目的で使用しているわけではないため「人工的な着色」には当たらないとして販売を始めたのである。

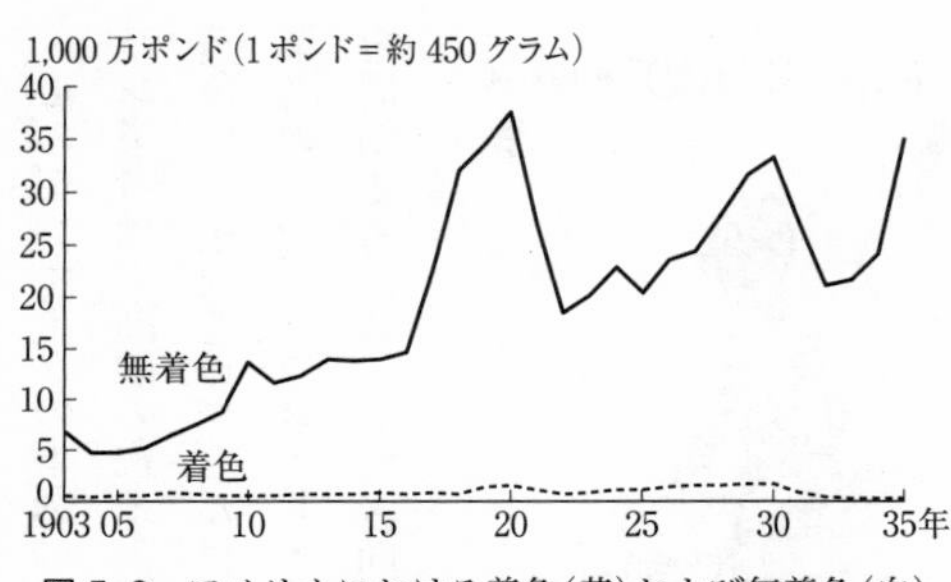

図 5-6　アメリカにおける着色(黄)および無着色(白)のマーガリン生産量. *Annual Report of the Commissioner of Internal Revenue*(Washington, DC: Government Printing Office, 1903-1936)より作成.

間もなく、一九三一年に制定された連邦法によって、いかなる材料であっても「バターのように見える」マーガリンは全て課税対象とされ、植物油のマーガリンも例外ではなくなった。同法の制定以降、着色されたマーガリンの生産は激減し、全マーガリンの一パーセント未満となった(図5－6)。また一時的ながら、色によらずマーガリン生産全体の減少にもつながった。ただ、植物油は価格が安いため依然としてマーガリンの主原料として利用され続けた。ここで問題となったのは、植物油によって自然に色がついてしまうことである。そのままでは課税対象となってしまうため、マーガリン生産者らは、黄色くなったマーガリンを一度漂白し、白いマーガリンにしてから出荷するようになった。バター生産者らが主張していたマーガリンの「自然な」色である白色は、人工的に作られなければならなくなったのである。

カラー・ポリティクス

こうしてみると、バターとマーガリンの対立において色は、単に商品をおいしく見せるための手段としてだけでなく、連邦および州政府の議員や役人らを巻き込みつつ、相手側の色を抑圧し市場競争で優位に立つための武器として機能していたことがわかる。そして、マーガリンの色が規制手段として用いられたことは、色が高い市場価値を持つことを生産者のみならず政府関係者らも認識していたことを示唆している。法律や政治的権力がいかに市場競争や商品(あるいは産業そのもの)の正当性を誇示するために利用されうるかも、このマーガリン対バターの攻防から見て取ることができる。

一九世紀に化学者が実験室の中で作り出したマーガリンは、牧場の牛の乳から作られるバターという「自然の産物」と対比され、人工的化合物のイメージが根強くあった。農業の機械化や工業化が進む中で、バター作りも人工的手段と機械に頼るようになったのだが、「自然」と「人工」という線引きは、バターとマーガリンとを峻別する際、特に酪農業者らがしばしば用いたレトリックである。その自然対人工の構図を象徴的に表していたのが、バターとマーガリンの色だったといえる。

ここで興味深いのは、代替品として登場したマーガリンだが、次第に消費者の間に受け入れられ生産・販売が拡大していく中で、酪農業界にとって脅威となると同時に、その色が、バターの色のあり方や着色に影響するようになったことである。マーガリン業者らが真似できないよう、バター生産者らがバターをより明るい黄色にしようとしたことはその一例である。つまりバターの「自然な」色がそもそも何色なのかということではなく、マーガリンに対抗する形でバターの色が作られるようになり、それを「自然な」色として生産者らが主張するようになっていったのだ。次第にマーガリンがバターの単なる代替品ではなくなってくると、「偽物（真似）」と「本物」という区別が成立しなくなり、そもそも「本物の色」という概念自体も規定できなくなった。代わって色は法で規定され裁かれる対象となったのである。

第六章　近代消費主義が彩る食卓

デザートの形や可愛らしさ、カラフルさ、遊び心は女性らしさを体現している。（中略）料理の視覚的アピールへのこだわりや効果的な飾り付けを施す能力、軽快さや上品さ、優美さといった特徴は、全て欠かすことのできない女性らしさの象徴である。[1]

これは、二〇世紀半ば、アメリカで市場調査会社を運営し、広告業界に大きな影響を与えたアーネスト・ディヒターが、一九六四年の著書『消費者購買動機に関するハンドブック』の中で述べた言葉である。ディヒターは、心理学を応用した市場調査を行うことで有名で、「モチベーショナルリサーチ」と呼ばれる購買意欲や消費行動に関する市場調査を広めた人物である。アメリカの数々の大企業もマーケティング戦略のコンサルタントとして彼を雇っていた。

ディヒターは、他の多くのコンサルタントや広告代理店がそうだったように、その時代の社会規範や文化的価値観の影響を受けており、彼の分析も多くが当時のジェンダー観を反映したものであった。そのため、本人たちが強調したような「科学的」で「客観的」な消費者分析とは言い難い。しかし、だからこそ、冒頭のディヒターの言葉は、アメリカ社会でいかに見た目に凝ったデザートが女性らしさと結びつけられていたかを反映しているともいえる。

家庭で作る料理や菓子に着色をしておいしそうに見せたり、配色など見た目にこだわり食卓を華やかに見せたりする工夫は、歴史を通して長く行われてきた。その中でも、一九世紀末に合成着色料産業が拡大したことで（第三章参照）、食品着色は食品産業だけでなく、家庭料理にも大きな影響を与えるようになった。小分けのパッケージに入った家庭向け食品着色料が販売されるようになると、それまで自分たちで着色料を家庭で作っていた主婦たちは、より簡単に料理の色づけやケーキ・菓子類のデコレーションができるようになったのである。これは、単に家事が簡単・便利になっただけではなく、食べ物の色がジェンダーや階級を象徴する文化的産物として作り出されたことを意味してもいた。

料理本が教えるおいしい色

一九世紀末に家庭用食品着色料の商業販売が始まるまで、家庭で食品着色にしばしば用いられたのは、ニンジンやビーツ、ほうれん草など野菜の絞り汁である。当時の料理本では、こうした野菜や果物から着色料を作る方法や料理に色をつける方法などを説明したものが多く、家庭で料理をする際の重要なプロセスの一つだったことがわかる。例えば、一九世紀半ばに人気を集めた料理本作家のイライザ・レズリーは、一八四〇年に出版した本の中で、アスパラガスのスープを濃い緑色にするには、ほうれん草の絞り汁を加えればよいと記している。レズリーのレシピをはじめ当時の料理本では、こうしたスープの他、ソースやピクルス、肉料理など様々な料理で色を鮮やかに見せたり、強い色味を出したりする工夫が紹介されていた。[2]

レズリーら料理本作家らが特に推奨した着色料の原料は、第三章でも触れた黄金に輝くサフランと乾燥させた虫から作られた赤い色素のコチニールである。これらは、料理に混ぜた際、色が薄くなりづらくはっきりした色味を出すことができた。また野菜や果物の絞り汁よりも日持ちするなどの利点もあった。レズリーは、「ほんの少しのサフラン」を混ぜれば、味を変えることなくオレンジゼリーの色を良くすることができ、レッドキャベツのピクルスやリンゴのプリザーブ(砂糖煮)にはコチニールを加えることで「綺麗な赤色」を出すことができるなど、数々の料理の色のつけ方・保ち方を紹介した。[3] レズリーと同時代に料理やその他家事の指南書を多く残し、女性の教育にも尽力したキャサリン・ビーチャーも、[4] 一八四六年出版の『ミス・ビーチャーのドメスティック・レシピ・ブック(家庭用料理本)』の中で、キャンディーやデザートを赤やピンクに色づける際、コチニールを薦めていた。[5]

だが、サフランとコチニールは当時非常に高価で、一般家庭で簡単に購入できるものではなかった。そこで、レズリーやビーチャーらは、これらの代替物として比較的安価な材料も紹介しており、それらの方がより一般的に使われていたと考えられる。例えば、コチニールの代わりとしてレズリーが紹介したのが、アルカネットというハーブの一種である。その根から抽出したエキスは、赤もしくはピンク色の染料として食品以外にも使用されていた。その他、サフランの代わりに卵の黄身やニンジンが使われたりもした。

だが、一八九〇年代頃までに家庭用着色料をめぐる状況が一変することとなった。合成着色料が開発されたことで、印刷業者や繊維業者の間でコチニールなど天然着色料への需要が減り、価格が大きく低下したのである。ただ、サフランは、価格が大幅に下がることはなく、現在でも高価な調味料の一つである。

価格の低下に加えて、コチニールは新しい形態で販売されるようになり、家庭向け着色料のあり方を大きく変えた。それまでは、雑貨屋や食料品店などでコチニール色素の材料となる虫(コチニールカイガラムシ)が乾燥された状態で販売されていた。消費者(主に女性)は、その都度使用する分を擦り潰し、赤いエキスを抽出した着色料を家庭で作っていた。一八七〇年代頃になると、アルコールにつけたコチニールがボトルに入った状態で販売されるようになった。これは「加工済みコチニール(prepared cochineal)」と呼ばれ、そのまま着色料として料理に加えることができたのだ。これは、おそらく商業的に加工・販売された着色料の最も古いものの一つである（現在は、家庭用着色料のほとんどは、こうしたボトルなどパッケージに入って販売されている）。二〇世紀転換期までにその価格も下がり、一ボトル当たり数セントで売られるようになった。それまで多くの料理本では、コチニールの擦り潰し方からエキスの抽出法までが記載されていたのだが、一九世紀末以降は、材料のところに「prepared cochineal」と書かれているだけで、その作り方を詳述するものはほとんどなくなった。これは、着色料がもはや家庭で作るものではなく、今日のように、店で購入するものとして定着していったことを意味している。

こうした変化は、二〇世紀転換期に家庭向け食品着色料ビジネスが確立したことでより一層促進されることとなった。当時、合成着色料を製造していた化学メーカーや一部の食品向け香料メーカーは、食品業者向けのみならず、家庭での食品着色の需要に目をつけ、合成着色料を原料にした家庭用商品を発売するようになった。これにより消費者は、料理の際に瓶やボトルに入った着色料をただ混ぜるだけで簡単に好きな色を作ることができるようになったのである。また、合成着色料で作られたこれらの商品は、コチニールをアルコールにつけただけの「加工済みコチニール」や主婦たちがほうれん草やニンジンで作った絞り汁よりも、色が鮮やかで長持ちし、料理と混ぜても褪色・変色しづらいという利点もあった。

家庭向け食品着色料ビジネスの先駆的役割を果たした企業の一つが、アメリカ北東部、ボストン近郊を中心に事業を展開したジョゼフ・バーネット社である。一八四五年、薬剤師だったテオドール・メトカーフとジョゼフ・バーネットがその前身となるメトカーフ・アンド・バーネット・ケミカル社を設立した。当初は、主に医療用化学製品の製造を行っていたのだが、間もなく、客からの要望で料理向け香料のバニラエキスも製造販売するようになった。バーネットは、一八五五年に独立し、バニラエキスの製造販売に特化したジョゼフ・バーネット社を設立した。バーネットの死後、事業を引き継いだ三人の息子らは、食品着色料の生産にも着手し、「バーネット・カラーペースト」という名で販売を始め、一九〇〇年までに八色のカラーペーストを扱うようになった。カラーペーストは、一オンス(約二八グラム)ずつ小瓶に入っており、およそ一〇セントで販売された。

カラーペーストは、そのまま瓶から取り出して既製の色として使用するだけでなく、いくつかの色を混ぜることで、消費者の好きな色合いを作ることもできた。例えば、赤色とスカーレット(黄味がかかった赤)のペーストを混ぜて朱色を作ったり、緑と青色を混ぜて青緑色を出すことができ、こうしたカラーバリエーションは、ジョゼフ・バーネット社が一般向けに発行した料理冊子などで紹介された。複数のペーストを使う(つまり購入する)ことを推奨することで、販売増加にもつながったのである。同社は、自社商品の販売促進を通して、料理の着色方法を教えたり、着色を調理過程の一つとして広める役割も担っていたといえよう。

美しい料理と良妻賢母イデオロギー

前節でみたように、着色はスープやメインディッシュなど様々な料理で行われたが、多くの料理本作家や家事アドバイザーが強調したのが、ケーキなど菓子・デザート類の色の重要性である。それは、キャンディーやケーキのデコレーションなどは多種多様な色づけが可能で、見た目が重要だったからのみでなく、冒頭のディヒターの言葉にも見られるように、甘い菓子が「女性らしさ」と結びつけられていたからでもある。

特に一八世紀から一九世紀のアメリカ(およびイギリス)では、様々な色を使ってデコレーションされたデザートは「dainty food(ディンティ・フード)」(デインティは一般的に「優雅な」「繊細な」「おいしい・風味の良い」という意味である)と呼ばれ、中・上流階級の女性を象徴するものとされていた。アイスクリームやゼラチンで作られたカラフルなデザート、ケーキ、また時にサラダなど、色・デコレーションなどの視覚性に加えて、胃に重くないものを指しており、女性が好みそうな料理として料理本や女性誌で取り上げられた。

元々、デインティという語は、こうした特定のジェンダーと結びつけられていたわけではなく、「おいしい・美食」という意味の他、「価値のある物」などの意味もあった。例えば一四世紀、チョーサーは『カンタベリー物語』の中でこの単語を用いて「To get a glutton dainty meat and drink!(大食漢にえり抜きの食べ物や飲み物を与える)」と書いているのだが、ここでは「えり抜

き」という意味で使われていた[6]。だが、一九世紀アメリカでは次第に女性的なものを示すようになり、多くの料理本や食品企業もデインティという言葉を用いて、女性らしさを象徴する料理を表現するようになった。またこの言葉は、料理だけでなく、例えば女性もののハンカチやレース飾りなど女性的な物を指す場合にも使われた。この定義によれば、チョーサーの「大食漢」が食べるような食事は到底デインティと呼ばれるものではなかった。

図6-1　デインティ・フードの一例．『*Ladies' Home Journal*』(1899年)．

デインティな料理やデザートで重要だったのは、味だけでなく見た目である。色はもちろんのこと、形も工夫を凝らしたものが多い（図6－1）。全米で人気を博した女性誌『レディース・ホーム・ジャーナル』[7]に掲載された一八九〇年の記事は、「ちょっとした趣向と工夫を凝らす」ことで、料理は「非常に優雅に見え(dainty-looking)」、目にも舌にもおいしくなると伝えた[8]。『ボストン・クッキング・スクール・マガジン』という雑誌では、「ロブスター・サラダ」が、「鮮やかな赤色の甲羅と、［下に敷き詰められた］レタスの緑色が綺麗に対照的になっており、マヨネーズの黄色と共に非常に華やかに見える」料理だと紹介されていた[9](図6－2)。この他、黄色とオレンジ色の二層になったゼリーや緑色のブラマンジェなどカラフルなデザートも料理本や女性誌で取り上げられるなど、見た目に凝った料理が数多く紹介された(口絵7)。

こうした色鮮やかな料理とは反対に、ケーキのデコレーションを施すクリームやアイシングは、主に白色、もしくは薄いピンク色のものが多かった。つまり、女性らしさを演出するデインティとは、単にカラフルであれば良いわけではなく、料理の種類などによって見た目の重視のされ方が異なっていたのである。一八九六年刊行の菓子用の料理本では、デコレーションに「毒々しい色を使うのは間違いで」、「多くの人を不快にさせる」という注意書きをつけていた[10]。

図6-2　ロブスター・サラダ．『*Boston Cooking School Magazine*』(1898年)．

もう一つの理由として、白やピンク色のクリームは作りやすかったことが考えられる。白いクリームであれば、着色料を使うことなく、クリームのみ、もしくは卵白と砂糖のみで作ったアイシングをそのまま塗ることができた。ピンク色の場合、着色料を使用する必要があったが、前述のようにボトルに入った加工済みコチニールを使えば簡単に着色することが可能であった。

ただここで、「淡い」色にするようにというアドバイスがあっても、どのくらいの薄さや色味にするかを判断するのは簡単ではなかった。着色料の分量や微妙な色の調整は、色をつける料理や着色料の種類、食べる人の好みなど様々な要因によって異なるからだ。こうした悩みを抱える主婦は多く、例えば、『グッド・ハウスキーピング』という女性誌には、コチニールでアイシングを色づけする際、どのくらい加えればよいのかという質問が読者から寄せられている。これに対し一八八八年の記事の中で同誌は、「必要なコチニールの量を特定するのはほぼ不可能です。好みの色になるまで、混ぜながら少しずつ加えてください」という回答を掲載した。[11]「毒々しく」ない、女性らしさを表現した色に仕上げることは、スキルと経験、知識を要した。デインティとは、目に美しい料理を指すと同時に、それを作った女性のスキルや教養、趣味の良さまでも含意していたといえる。

見た目に美しく、女性らしさを表したデインティな食べ物は、食品産業のマーケティングレトリックとしても用いられるようになった。着色料を販売していたジョゼフ・バーネット社は、カラーペーストを使ったレシピを集めた冊子を複数発行し、『デインティ・デザート・アンド・コンフェクション』(コンフェクションは「菓子」の意)や『デインティ・アンド・アーティスティック・デザート』のように、タイトルに「デインティ」という語を用いていた。また、企業向け着色料販売も行っていたクリストファー・ハンセン・ラボラトリー社は、家庭用着色料商品を「デインティ・カラー」というブランド名で販売した。これら企業は、自社の商品を使えばデインティな料理を簡単に作ることができると謳い商品の宣伝を行うとともに、カラフルな料理がデインティ、つまり女性性の象徴であることを自明のものとして提示し、食べ物の色とジェンダーとの結びつきをより強固にしたともいえる。

色が映す人種と階級

女性らしさの象徴とされたデインティなデザートや料理は、当時のジェンダー観のみならず、人種や階級とも密接に関係するものであった。見た目にこだわった料理やそこに体現された女性らしさとは、中・上流階級の白人女性を暗に想定したものだったのだ。これは一つには、カラフルな料理やそれらを取り巻く言説を作り出してきた料理本や女性誌などのメディアが、主にこれら特定の階級・人種の女性を対象としていたためである。特に一九世紀から二〇世紀初頭にかけて、アメリカ北東部ニューイングランド地方の「ワスプ(White Anglo-Saxon Protestantsの略)」と呼ばれるアングロサクソン系白人の文化が、「主流のアメリカ文化」とされ、黒人や移民、白人であっても労働者階級は、アメリカ社会から疎外や差別され、または異分子として扱われていた。

こうした裕福ではない女性たちは、メディアが作り出す言説から排除されていただけではなく、彼女たちには見た目に凝った色とりどりの料理を作る金銭的・時間的余裕がなかった。サフランのように高価な材料を購入することは難しく、一方、野菜や果物の果汁、またコチニールで着色料を作る場合には時間と労力を要した。例えば、ほうれん草を着色料として使用するには、生のほうれん草を強く叩いた後、布でくるんで汁を絞り出す。その絞り汁を火にかけ、固まってきたところで鍋に残った水分を捨てれば完成である。難しい作業ではないものの、家庭の外で仕事を持っていた多くの黒人・移民女性や労働者階級の女性にとって、こうした手間をかけることは困難だったであろう。さらに、大抵の場合、狭い台所スペースしかなく、調理器具も限られているなど、複雑な料理を作ること自体、現実的ではなかったのである。

しかしながら、彼女たちが見た目に凝った料理を作っていなかったわけではない。黒人や移民の女性は、白人家庭の使用人として働く者が多く(黒人・移民の女性にとって、使用人は数少ない選択可能な職業の一つだった)、料理はその重要な仕事の一部であった。すなわち、中・上流階級の白人女性が家族や客人に振る舞うために、労働者階級の黒人・移民女性たちがデインティな料理やデザートを作っていたのである。実際、前述のレズリーやビーチャーらの料理本に掲載されたアドバイスでは、使用人をどのように教育するかということも重要なトピックの一つだった。使用人として働いていた黒人や移民の女性たちは、自分たち自身や家族のためではなく、雇い主である白人女性およびその家族のために、目を喜ばせる「女性らしい」料理を作っていたのである。

パッケージ化される女性像

これまでみてきたように、一九世紀以降、アメリカでデインティと呼ばれる、飾り付けや色づけを重視した料理が、女性の上品さや趣向、女性らしさの象徴として語られてきた。そして、冒頭のディヒターの言葉からもわかるように、こうした考え方は、二〇世紀半ばにおいても依然として根強く存在していたといえる。料理や家事は女性の仕事であるという性別役割分業を示唆するのみならず、視覚性がジェンダー化され、「女性らしさ」を測る要素でもあった。

料理の色や見た目が女性性の象徴であり続けた一方で、その女性らしさをいかに実現するか、つまりどのように視覚に訴える料理やデザートを作るかは、二〇世紀半ばまでに大きく変化した。簡易・即席食品や加工食品など、「忙しい」女性が短時間で失敗なく「理想の女性」であり続けるための商品が次々と登場したのだ。こうして、かつて女性らしさや女性のスキル・知識をも体現していた料理は、より簡単に誰もが作ることのできるものとなったのである。

そうした商品の一つが「ケーキミックス」である。日本のホットケーキミックスに近い商品で、パッケージに入っている粉（小麦粉や砂糖、ベーキングパウダーなどがあらかじめ混ぜられたケーキの素）に水や卵を混ぜて焼くだけでケーキを作ることができた。この商品は、一九三〇年代にピッツバーグのP・ダフ・アンド・サンズ（以下ダフ）社が地域限定で発売したことに始まる。

だが当時は人気が出ず、市場が拡大するのは第二次世界大戦後になってからである。製粉会社のゼネラル・ミルズ社とピルズベリー社が、それぞれ一九四七年と一九四八年に独自のケーキミックスを発売すると、一気に人気商品となった。一九四七年のケーキミックスの売り上げが約七九〇〇万ドルだったのに対し、一九五〇年までにはそのおよそ二倍の売り上げを誇るまでになった。

ケーキミックスが人気を博した要因はいくつかあり、まず、女性の社会進出が一つの理由として挙げられる。戦後、家庭の外で働く女性の数は急増する一方、家事は女性の仕事であるという考え方は依然として根強く、多くの女性は仕事と家事の両立を迫られた。こうした中、簡単に時間をかけずに作ることができる「時短メニュー」などを扱った料理本が多く出版され、女性誌などでも取り上げられた。ケーキミックスは、こうした働く忙しい女性にとっては救世主のような存在だったのである。

また、戦後の好景気に沸くアメリカで中産階級層が拡大したこともケーキミックスが人気を得た理由の一つだと考えられる。本格的な大量消費社会の到来ともいわれる時代であり、テレビや冷蔵庫、電気洗濯機など家庭用電化製品が普及した。また、郊外化が進み、オーブンを完備した大きなキッチンがある、小綺麗な一戸建ての家で暮らす一家が理想的な家族像としてメディアで報じられた。「豊かな」社会の恩恵を享受する中産階級家庭は、経済的余裕やケーキを焼くためのオーブンを所有していることなどから、物理的な条件も揃っていたのだ。

そしてもう一つ大きな理由は、なぜそこまでしてケーキを焼く女性たちが多かったのかという疑問とも関係する。冒頭のディヒターの言葉にもあるように、デザート、特にケーキを焼くことは女性性の象徴とされたためである。戦後は、女性の社会進出が進んだ一方で、伝統的な女性や家庭のあり方を重視する風潮が強く、女性は、家庭の外で働いているか否かによらず、妻・母としての責務を果たすことが求められた。こうした「理想的な女性」像は、当時流行ったテレビドラマなどでも、おいしい料理や食後にはデザートを供し、常に明るく優しい存在として描かれていた。つまりケーキミックスは、忙しい女性に家事の時間短縮や手間の省略を可能にするだけでなく、理想的な女性であり続けるための道具でもあったのである。

便利すぎる商品

では、戦後、ケーキやカラフルなデザートと結びつけられた女性らしさはどのようにして強固な言説として作られたのだろうか。ここでは、ケーキミックス製造会社の宣伝広告や女性誌、料理本で使われたレトリックや女性のイメージの構築を主にみていきたい。

まず、女性らしいデザートやケーキは、簡単に作れることが重要だった。その最たる例がケーキミックスで、混ぜるだけでケーキを作ることが可能となった。『グッド・ハウスキーピング』誌に掲載された一九五〇年の記事は、「最近の花嫁は、旦那さんにケーキを作ってほしいと言われても買い出しに行く必要はないのです。棚に買い置きしているケーキミックスの箱を取り出すだけです」と述べ、ケーキ作りの準備さえも必要ないことを強調した。そして、ケーキの作り方を解説した最初の一文が「ケーキミックスの箱に書かれている説明を読むこと」と書かれており、続いて「箱の指示通りにオーブンの温度を設定」することとなっていた[12]。

だが、便利すぎる商品は、女性らしさの象徴としてのケーキを作るには適していなかった。容易に作れるようになった一方、ケーキミックスを使うことは手抜きをしているという罪悪感を少なからず主婦に抱かせることとなったのだ。一九五〇年代半ばにディヒターが行ったゼネラル・ミルズ社のケーキミックスに関する市場調査によると、多くの女性たちは、水を入れるだけの同社の商品に不満を持っていた(当時のケーキミックスは乾燥卵がすでにミックスの粉に含まれていた)。ケーキ作りをしたという実感や達成感、満足感を得られないというのである。そこでディヒターは、乾燥卵をミックスの原料から抜き、水だけでなく生卵も消費者が加えるような商品に変更するよう提案した。卵を追加することが実際にどれほど女性たちの「達成感」に寄与したかはわからないが、その後ケーキミックスは売り上げを順調に伸ばすこととなったのである。

ただ、一九三〇年代にケーキミックスの発売を開始したダフ社は、ケーキミックスに主婦自らが卵を入れることの心理的重要性について、当時すでに認識しており、同社のケーキミックスに関する特許にもそのことが明示されていた。よって必ずしもディヒターの案が革新的だったわけではない。ただ、おそらく三〇年代当時は、ケーキミックスの売り上げ自体が大きくなかったため、ダフ社のアイデアも顧みられることがほとんどなかった。一九五〇年代になってようやく、便利さは両刃の剣になりうることが問題となり、ディヒターの提案が画期的なものとして業界内で受け入れられたのではないだろうか。ディヒターの市場調査とそれから導かれた結論には、第二次世界大戦後、様々なインスタント食材や加工食品が発売される中で、戸惑いや懸念が入り混じりつつ便利さを享受する、当時の人々の心理が表れているようにも思われる。

インスタント食材とクリエイティビティ

ケーキミックスのような手軽で簡単に調理できる商品は、家事のあり方や料理を通した女性らしさの概念、そして女性らしさの体現の仕方を少なからず変えることとなった。ケーキミックスを指示通りに扱えば、理論的には誰でも同じ味のケーキを失敗なく焼けるようになった。ケーキ作りにおいて、ケーキ(スポンジ)を焼くことは、スキルや知識を必要としないプロセスとなったのだ。代わって、「焼く」ことよりも、「飾る」ことに重要性が移っていったのである。

『ベター・ホームズ・アンド・ガーデンズ』誌に掲載された一九五三年の記事は、「おいしそうに見えるケーキは全てミックスから始まるのです」という文句とともに、「クリームや飾り付けでケーキを美しくすることに全力を注ぐ」ことこそ重要であると強調した。そこで紹介されたレシピの多くは、デコレーションの仕方に特化したものであった[13]。同様に『グッド・ハウスキーピング』誌でも、デコレーションのみを扱った記事が連載され、クリームで紐状の飾りをつけたり、リボン型や星型を作ったりする方法が紹介された。

このように、インスタント食材がもたらした手軽さや便利さは、必ずしも主婦としての仕事を軽減するものではなく、料理が女性らしさの表象に用いられなくなったわけでもなかった。ケーキのデコレーションのように、これまでとは異なるスキルや作業が女性らしさの象徴とされ、女性に対する新たな仕事や期待が誕生したのである。

ケーキミックスを販売するゼネラル・ミルズ社は、一九六〇年代半ばに『ベティ・クロッカー・ケーキ・アンド・フロスティングミックス・クックブック』という料理本まで出版した。タイトルにあるフロスティングミックスとは、すでに加工されたフロスティング(菓子のデコレーションのためのクリーム)が缶に入ったものである。このミックスが誕生するまでは、女性たちは家庭でクリームや砂糖を混ぜてフロスティングを作っていたのだが、既製のフロスティングミックスは、味つけだけでなく、すでに着色料が加わり色づけもされた状態で売られていた。

女性たちがやることとは、ただ缶の蓋を開けて、ミックスで焼いたケーキの上に塗るだけである。つまりこの料理本は、ケーキミックスやフロスティングミックスのように、すでに加工・半調理されたものばかりを材料に使ったケーキ作りの本で、レシピ解説の主眼はデコレーションの仕方やできあがった見た目をいかに美しく作るかにあった。

ちなみに、ゼネラル・ミルズ社の料理本のタイトルにある「ベティ・クロッカー」とは、同社の前身であるウォッシュバーン・クロスビー社が一九二一年に作り出した架空の女性キャラクターである。興味深いことに、企業も消費者もベティ・クロッカーを実在する女性であるかのように扱っていた。女性たちは、料理やレシピの悩みを記した手紙をベティ・クロッカー宛に送るなど、実在する女性だと信じていた人も少なくなかった。ゼネラル・ミルズ社は、ベティ・クロッカーの名前を単なるブランド名として利用するだけでなく、ベティ・クロッカーの名で料理本を出版したり、その名を冠したラジオやテレビ番組を提供した他(実在の女性がベティ・クロッカー役を演じた)、肖像画まで作製したのである(図6-3)。このような企業を人格化したマーケティングは、一九二〇年代から三〇年代にかけて他の食品会社や電機メーカーなど様々な企業で行われており、スウィフト社のマーサ・ローガン、リーバー・ブラザーズの子会社スプライ社のアント・ジェニー、ピルズベリー社のアン・ピルズベリー、ゼネラル・フーズ社のフランシス・バートンなどがその例として挙げられる。バートン以外全て架空の人物で、アント・ジェニーは、ベティ・クロッカー同様、ラジオ番組のパーソナリティや料理本の著者として人気を得た。

ひとつの「身体」を持つ人間として構築されたベティ・クロッカーは、料理のアドバイスを通して、メッセージの作り手である企業と受け手である消費者とをつなげる仲介者としての役割を果たしてきた。一人の女性であり、また料理のプロでもあるベティ・クロッカーが伝えるアドバイスは、組織である企業が訴えるよりも、消費者に愛着や信頼感をともなって受け入れられた。さらに、ラジオ料理教室や料理本は、女性たちに料理の作り方やレシピのアイデアを提供することで、おいしい料理を家族のために作る女性が「良き妻・母」であるという「理想」の女性像を提示してもいた。つまり、料理本や料理教室を含め、ベティ・クロッカーのアドバイスやその存在は、ただ単に料理の仕方や新しいレシピを伝えるためのものではなく、商業的かつイデオロギー的意味を持つものでもあったのだ。

図6-3　歴代のベティ・クロッカーの肖像画．上段左から1936年，1955年，1965年，1969年，(下段左から)1972年，1980年，1986年，1996年の作．女性の社会進出など世相を反映した顔つきや服装になっている．ゼネラル・ミルズ社．

加工食品やインスタントミックスが多数販売されるようになると、これら商品の便利さや手軽さは、女性らしさを表現するための手段として提示されるようになった。「理想的な女性・主婦」であるベティ・クロッカー、そして食品企業や女性誌などのメディアは、ミックスのような簡易・即席商品こそが、女性たちの創造性や自分らしさを発揮させてくれるものだと訴えたのだ。箱から取り出せば誰でもすぐに作れる料理であっても、デコレーションの緻密さや色使いなど飾り付けに重点を置くことで、女性たちは「クリエイティブ」になれるという。それは、一九世紀の女性たちが自らの経験と知識に頼って料理やデコレーションをしていたのに対し、そうしたスキルや知識がなくとも、大量生産された商品を通して簡単に実現できる創造性であった。

コラム　和菓子の美学

和菓子は五感の総合芸術である。

和菓子の老舗「虎屋」一六代店主、黒川光朝氏の言葉である。和菓子は、味や香り、見た目はもちろんのこと、舌触り、そして名前(菓銘)の響きといった、五感を通して楽しむ「芸術」で、季節感や自然、時代・時節の移り変わりなどを感じ取ることのできるものだという。

和菓子とは、日本の伝統的な菓子のことで、主に明治時代以降に広まった洋菓子と区別する言葉として用いられるようになった。現代の和菓子の原型ができたのは、砂糖の流通が拡大した江戸時代に入ってからだといわれている。上菓子(元は宮中や社寺に献上したり、茶席やお祝いで用いられる菓子のこと)の意匠(色や形)に様々な工夫が加えられたり、菓銘がつけられるようになったのもこの頃である。意匠や菓銘は、季節感や、その菓子が用いられる茶会や儀式などに合わせた意味が込められている。

和菓子の意匠・菓銘では、季節感を抽象化したものとともに、自然を模したものが多い。動植物の姿形を真似たり、自然現象(春霞など)や風景を表現したもので、カラフルな色づけがなされたものも多くみられる。例えば、透明感のある水色は涼しさを伝え、朱色の紅葉に似せた菓子からは秋を感じることができる。

これは、菓子を通して自然の色や形を表現するものであるが、この「自然」は、例えば第四章で触れたオレンジの「自然な」色(オレンジ色)とは異なる自然観である。後者は、色がその食べ物の味や熟し具合を表すもの、つまり、生体的変化に基づいて作り出される色(または、人々がそう信じている色)である。一方、和菓子が表す自然の中には、実際には食べられない自然(例えば川の流れや金魚など)も含まれており、必ずしも「おいしそうな」色として作られているわけではない。この意味で和菓子は、自然のミニチュア化だといえる。菓子そのものを花や動物、自然現象などの自然に見立て、見る人・食べる人に四季や自然を感じてもらうためのものである。

さらに、和菓子に込められた自然の美学は、その色・形に留まらず、菓銘や、見る・食べる人の教養や感性をも含めたものだといえる。例えば茶席では、菓子の意匠・菓銘の意味や趣向について会話を交わすことも重要な茶の湯の楽しみの一つである。会話を楽しむためには、季節や色はもちろんのこと、菓子が表現している世界観を理解する必要があり、そのためには、関連する教養とそれを感じ取る感性とが必要である。こうした色と自然とを感じ、愛でる美学は、日本で古くから続いてきたもので、例えば平安時代の宮中での遊びや男女のやりとりなどにも見て取ることができる。こうしてみると、和菓子の色からは、自然観や日本独特の美学とともに、奥深い歴史をも垣間見ることができる。

また、季節感を感じさせる和菓子の色や形は、その移り変わりを伝えることも重要である。そこからは、四季の違いや変化を楽しむことができるとともに、万物の無常さも読み取れるのではないだろうか。和菓子は食べてしまうと、その色鮮やかかな姿形は消えてしまう。刹那に楽しむ色や味、そうしたはかなさこそが、和菓子の自然美、美学に現れているともいえるだろう。

季節感や動植物を模した和菓子の意匠は、野菜や果物の色とは違い、必ずしもその食べ物の味や熟し具合を表したものではない。これは、谷崎潤一郎や夏目漱石による羊羹の描写にも見て取れるだろう(第一章参照)。同様に、第六章で触れたケーキなどデザートの色や形も、味や風味の視覚化ではない一例である。和菓子に込められた自然観や美学とは異なるものの、ピンク色のデコレーションクリームや多彩で趣向を凝らした菓子類(一九世紀末の言葉を借りれば「デインティ」な食べ物)は、ある種の「美学」に基づくものだったといえる。これは、ジェンダー化された美的感覚ともいえるだろう。カラフルなデザートや料理は、女性らしさや白人家庭における中・上流階級としての気品、それらを視覚的、そして味覚的に体現するある種の装置として、ジェンダーと食、色との関係をより強固に結びつけるようになったのだ。五感や美的意識を、社会的に構築されてきた歴史的産物として見てみると、普段食べる菓子も少し違った見方や食べ方ができるかもしれない。

第七章　視覚装置としてのスーパーマーケット

今や我々は、園芸を［屋外ではなく］食料品店やデリカテッセン（惣菜店）で行っているようなものである。多くの食品が缶やボトルに入って売られるようになった時代においては、食品を選ぶ際、匂いや味に代わって、見た目が重要になった。我々は、目に見えるものによってしか［食品の品質を］判断できず、［その見た目によって］自分の理想に合う商品を本能的に選んでいるのである。(1)

これは、アメリカ連邦政府機関の一つである農務省内に設けられた、カラー・ラボラトリー（色彩研究所）の化学者ホレース・T・ヘリックが、一九二九年に食品業界関係者に向けて述べた言葉で、産業化や工業化による食品生産や購入方法の変化について端的に言い当てている。特に注目すべきは、人々が食品の匂いや味ではなく、見た目によって選ぶようになったという点である。一九二〇年代末のアメリカでは、セルフサービスのスーパーマーケットが次第に広まりつつあった。食品の小売方法の変化とともに、あらかじめ缶やボトルに入った加工食品を食べることが日常的になったことで、人々が何を食べるかだけでなく、何をどのように選ぶかも大きく変化したのである。

前章までは、主に食品生産者や政府、広告代理店の役割に注目し、広告や雑誌などのメディアで食べ物の「自然な」色がどのように提示され、さらにそれに合致する色が実際に農作物や加工食品の生産過程でいかに作り出されてきたのかをみてきた。本章では、スーパーマーケットのような食料品小売店に焦点を当て、販売時における食べ物の色の重要性、そして食品の見せ方がどのように変化したのか考えてみよう。特に、野菜・果物・肉といった生鮮食品の「新鮮さ」をいかに視覚的に表現していたのか、つまり食料品店が新鮮な見た目をどのように作り出していたのかに着目する。

セルフサービス黎明期の魅せる陳列

かつて食料品、特に生鮮食品の買い物は、五感を通して行うもの、そして人と人とのコミュニケーションの場でもあった。また、野菜・果物や肉は、日本でも以前はそうだったように、八百屋や肉屋といった専門店で販売されていた。店頭に並ぶ肉や野菜、果物などは、その品揃えが地域や季節、店舗によっても異なっており、何を買うかを決めるには、店主からその日の新鮮な食材を聞いたり、消費者自らが匂いや手触り、そして見た目などを通して品質を見定めたりしていた。一方、缶詰などの加工食品や日用品を扱う雑貨屋は、「カウンターサービス」と呼ばれる接客形態で、カウンター越しに顧客が欲しいものを伝え、店員が商品棚から商品を取り販売していた。棚の商品を客は触ったり近くで見たりすることはできず、店員と客とのコミュニケーションによって商品売買が成立していた。

この小売形態を大きく変えたのが、客が自ら商品を棚から取り、支払い場所まで持っていく「セルフサービス」である。アメリカ(および世界)で初めてセルフサービスを取り入れたのは、一九一七年にテネシー州メンフィスで食料品店「ピグリー・ウィグリー」を開いたクラレンス・ソンダースだとされる(ただし、それ以前にすでにセルフサービス形式を試験的に導入していた店もあった)(図7-1)。その後、一九二〇年代から三〇年代にかけて都市部を中心に各地に広がっていった。

図7-1　世界初のセルフサービス食料品店「ピグリー・ウィグリー」の店内(1918年). アメリカ議会図書館.

日本では、一九五三年に東京・青山の紀ノ国屋(一九一〇年、同地で果物商として創業)がセルフサービスを導入したのが最初で、一九六〇年代前後にセルフサービス式の食料品店が普及した。ヨーロッパ諸国の多くでもセルフサービスが一般化したのは第二次世界大戦後だった。

一九二〇年代のもう一つの大きな変化は、「スーパーマーケット」という新しい形態の小売店が誕生したことである。大型の食料品店や日用品店が近隣の八百屋や肉屋を吸収し、一つの店舗の中に野菜・果物コーナーや精肉コーナーを設けて販売するようになったのである。こうした統合型店舗はスーパーマーケットと呼ばれ、人々の消費スタイルや買い物の仕方も大きく変化した[2]。それまで、肉屋や八百屋など別々の専門店で買い物をする必要があったのに対し、一つの店で全ての買い物が完結するようになったのである。また、生鮮食品売り場は店にとっても重要な役割を果たしていた。生鮮食品は日持ちしないため、消費者はより頻繁に店舗を訪れることになり、売り上げ増加につながる。また、野菜や果物は、仕入れ先や時期などによって品揃えが変わるため、店の独自性を出すことで他店との差別化を図ることもできたのだ。

ただし、スーパーマーケットでは、商品の全てをセルフサービスで販売していたわけではなかった。二〇世紀半ばまで、セルフサービスで販売されていたのは、主に缶詰や朝食用シリアルなどの加工食品に限られていた。一方、生鮮食品は、それぞれの売り場担当の店員に欲しい品物と量を伝えて購入する方法がとられた。野菜や果物は、平台や棚に並べられ、店員がそこから商品を取って袋に入れ、客はそれをレジに持っていき支払いを済ませる。肉の場合は、多くの店で専用のカウンターと冷蔵ディスプレイケースが設置されており、かつて独立店として営業されていた肉屋がスーパーマーケットの店内に単に移動したかのようでもあった（現在でもデパートや一部のスーパー、肉専門店では、客に一人ずつ対応する販売形式がとられている）。

生鮮食品、特に精肉売り場のセルフサービス化がなかなか進まなかったのは、技術的理由が大きかった。セルフサービスで販売するためには、商品を個包装し並べておく必要がある。だが、第二次世界大戦後まで十分な冷蔵技術や包装技術が開発されておらず、現在のように肉の切り身や野菜などをパックに入れて長時間並べておくことができなかったのだ。それまで多くの食料品店にとって「完全なセルフサービス」を実現することは夢だったのである。

スペクタクル化する食品

セルフサービスは、顧客と店員とのコミュニケーションを最小限に抑えるシステムであり、客が自分で品定めをする必要がある。セルフサービスでは、まず客の流れを作り、それを妨げないよう、店の入り口から商品棚、支払い（レジ）、出口までが一つの動線で完結された（図7－2）。そして、店舗の壁に沿って設置された商品棚や、店舗中央に置かれたゴンドラと呼ばれる陳列台を、客が自由に動き回りながら見られるよう通路スペースを十分にとるとともに、視界を妨げないような店舗設計も必要とされた。視覚情報は特に重要で、客が商品を棚から手に

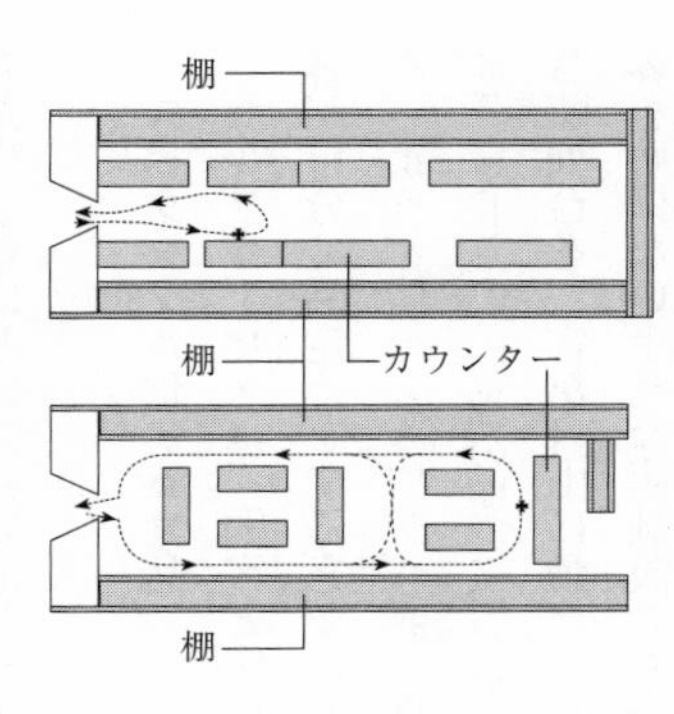

図 7-2　食料品店のフロアプラン．矢印は客の動線を示している．上図はカウンターサービスと呼ばれる従来一般的だった店舗の作りで，店員が客の注文した商品を棚から取り対応する販売方法をとっていた．下図はセルフサービスの店舗で，客自らが棚から商品を取り支払いを済ませる形態である．Carl W. Dipman, *The Modern Grocery Store*, 1931 年より作成．

取ってラベルを見るなど、商品と「ふれあう」ことができるよう見やすく陳列することが求められた。つまり、セルフサービスは、単に店舗にとって人件費の削減や、扱う商品が増え売り上げ増加につながっただけではなく、客にとっても店内の見え方や五感経験が大きく変わったのである。

見せる陳列を実現するにあたり、生鮮食品売り場は特に重要だった。棚や冷蔵ケースに並べられた野菜や果物、肉などは、店舗全体の雰囲気を明るくし、食料品店には不可欠な「新鮮さ」や「おいしさ」を視覚的にアピールできると考えられていたのである。例えば青果売り場では、色とりどりの商品が並べられており、その見せ方一つでより多くの客を呼び込むことが可能だとして、食品小売業者向けの業界誌やマニュアルなどは、生鮮食品の陳列方法を繰り返し伝えた。その一つ『プログレッシブグローサー』誌によると、野菜や果物は、カラフルな「自然美」が備わっており、消費者に「視覚を通しておいしさをアピール」するには恰好の商品だった。[3]

青果売り場を「魅せる」ために重要とされたのが、「カラーコントラスト(色の対比)」と「マスディスプレイ(大量陳列)」である。カラーコントラストとは、商品を並べる際、それらの色を綺麗に見せる工夫である。一九三一年に刊行された食料品店向けのマニュアルは、野菜や果物を「調和のとれた配色」になるよう陳列することで、新鮮な食材の美しい色が食欲をかき立てるのだと述べ、色に基づいた食品の配置の重要性を強調していた[4]。さらに『プログレッシブグローサー』に掲載された記事では、カラーコントラストに基づいた陳列方法として下記のようなアドバイスが提供された。

赤、白、緑、黄色の帯を交互に並べるとよい。赤いラディッシュ、レタス、ニンジン、ほうれん草、セロリなどを交互に並べれば、色とりどりのリボンのように見えるだろう。果物も同様に、オレンジやグレープフルーツ、リンゴ、レモン、みかん、洋梨を交互に並べることで買い物客の目を引くことが可能である[5]。

このようにカラフルで整然と並んだ野菜や果物によって、明るく新鮮な売り場を視覚的に表現することができた。また、カラーコントラストは、きれいに整って見えるだけでなく、商品の種類を区別するのにも役立った。例えば、ラディッシュやカリフラワーをほうれん草の隣に並べれば、赤色や白色が緑の横で映えるため、商品棚から見つけやすくなるのだ。

カラーコントラストをより引き立てるために用いられたのが「マスディスプレイ」と呼ばれる陳列方法である。これは、棚や台の上に果物や野菜などを大量に積み上げたり並べたりするもので、特に旬の食材などに用いられた。山盛りになった商品は客の目を引くとともに、その時期に新鮮なものやその日に売り出している商品を視覚的に伝えることができると考えられていた。積み上げられたラディッシュの横には、ジャガイモが高く盛られ、緑色のアスパラガスの束がアクセントに重なっている。そんな光景を作り出すことで、新鮮さや自然の豊かな恵みさえもが、都会のスーパーに並ぶ棚の上に表現されていた。

カラーコントラストは、野菜や果物売り場だけでなく、精肉コーナーでも重視された。スライスされた淡いピンク色をした豚肉や赤い牛肉、クリーム色の鶏肉などが並べられたショーケースは、色のコントラストとともに、きれいなグラデーションを描いているようにも見える。また、特に肉の赤味を際立たせるため、パセリなど緑色の野菜や、「ラバーグリーン」と呼ばれるゴム製の緑色の仕切りを肉の横に並べたりもした。こうした飾りは現在でも肉屋のショーケースなどで使われており、日本では「肉芝マット」と呼ばれるシート状のものもある。

ラバーグリーンのような仕切りや飾りを製造する企業も、カラーコントラストの重要性を強調し、食料品店での視覚環境の構築を促していた。例えばあるメーカーは、その商品広告の中で、食品売買は「目を通して行われる」ものであり、購入する際には「目が最終的な判断を下すのだ」と述べ、陳列の見た目の重要性を強調した。そして客の目を引く方法の一つとして、新緑のパセリを肉の陳列ケースの中にアクセントとして並べることで、「アイアピール（目に訴える力）をより引き立てることができる」と自社の商品を宣伝した。[6] 同様の宣伝文句は他の企業も用いており、例えば「目が買えという指示を出すのだ」など、視覚がいかに食品の販売に重要であるかを訴えた。[7]

さらに、目に訴える陳列方法として新たに取り入れられたのが、鏡がついた陳列ケースや棚である。これは一九四〇年代頃から広まったと考えられており、今日でも特に青果売り場でよく使われている。鏡を陳列ケースの上部に取り付けることで、ケース内に入った野菜や果物が映り込むようになっている。天井につけられた明かりを鏡が反射することで、その下の野菜や果物に光を照らすとともに、店内全体をより明るくする効果があった。さらに、鏡に映った野菜や果物の像は、ケースから少し離れたところからでも見ることができ、ケースと鏡の両方からカラフルな商品が目に飛び込んでくるため、カラーコントラストやマスディスプレイの効果を高めることができたのである。

スーパーマーケットの技術革命

二〇世紀半ばまでに、冷蔵・包装技術の開発や研究が進み、その多くが実用化されたことで、スーパーマーケットは視覚装置としての重要性を一層強めることとなった。重要な技術開発の一つとして、まず照明器具が挙げられる。一九三八年にゼネラル・エレクトリック(GE)社が開発した蛍光灯は、食品販売のあり方を大きく変えた。GEの蛍光灯は、ゾロアスター教の最高神アフラ・マズダ(Ahura Mazda)に因んで「マツダ(Mazda)」というブランド名で販売された(ちなみに日本の自動車メーカー「マツダ」は、英語ではMazdaという綴りで、これもアフラ・マズダからとられたとされている)。アフラ・マズダは、叡智・理性・光明の神とされている。これは、第二章で触れたGEの照明器具部門でディレクターを務めた物理学者マシュー・ラッキーシュが、視覚の働きと理性や知恵とを結びつけ、照明など視覚環境の改善は文明の発展につながると考えていたこととも重なる。科学的技術と合理的理論に基づき研究開発された照明は、単に部屋を明るく照らすためだけでなく、知恵の象徴としての視覚の働きを助けるものでもあったのだ。

蛍光灯が開発されるまで多くの食料品店では、主に白熱電球が使われていた。だがこれは、中心部分のフィラメントから熱が発生するため、精肉や青果売り場で使用すると、生鮮食品の鮮度を落とし、変色させるなどの問題があった。新たに開発された蛍光灯は、白熱電球よりも価格は高かったものの、高熱の発生を抑えることができ、食品の質を落とす心配も少なかった。また、白熱電球より蛍光灯の方が光が明るく、長期間使用することができたため経済的でもあった。さらに、蛍光灯は食品の新鮮さやおいしさをより効果的に見せることができた。特に肉の場合、蛍光灯の光に含まれる白い色が、肉の脂身をより白く際立たせることができたのである。こうした利点から、スーパーマーケットをはじめ食料品店は、店内全体を照らすために天井に取り付けるだけでなく、各売り場の陳列ケースの中にも蛍光灯を取り付けるようになった。ある食料品店の店主は、肉売り場に蛍光灯を取り付けたことで肉の売り上げが上がったとし、蛍光灯は「[商品の]色を最大限に引き出し、煌めくような新鮮さ」を見せることができるとも語った⑻。

蛍光灯の光は、見た目にはどれも白っぽく見えるのだが、実際には白いものから青味がかかったものまで種類によって異なる色味を持っており、売り場ごとに使い分けることでより効果的に商品を見せることができた。例えば、「ホワイト」という種類の蛍光灯では、肉（特に脂）が灰色っぽく見えてしまう。一方、「デイライト」という蛍光灯は、青味がかかった光を照射するため、野菜や果物売り場には使えるが、肉売り場には向かない。肉売り場には、「ソフトホワイト」や、GEの商品であれば「デラックスクールホワイト」という色味の蛍光灯が推奨された。これらは白っぽい光にピンク味がかかった色の光のため、脂の白さを強調するとともに、肉の赤身部分もきれいに見せることができたのだ。こうした蛍光灯の中には、食料品店専門に開発されたものも販売されていた。

店舗によっては、既製品の蛍光灯をそのまま取り付けるだけではなく、各売り場に合った光を作り出すため「トーニング」という方法が用いられたりもした。これは、異なる色の光を混ぜ合わせて照射するものである。例えば肉売り場であれば、店の天井に取り付けられた白い光の蛍光灯とともに、赤色のネオンサインなどを肉の陳列ケース上部につけることで、白と赤の光が混ざり、ケースに並んだ肉の色をより一層引き立てることができた。中には、市販の蛍光灯のランプ部分に、赤や緑の色がついたテープを貼るなどして、売り場ごとに照明の光を変えて使用する店もあった。

照明の光の色を変える方法は、当時活躍したカラーコンサルタントの一人ハワード・ケッチャム(第二章参照)によると、効果的に視覚環境を作り出すことに役立った。肉は「食欲をそそる新鮮でおいしそうな」色によって「最上級のものに見え」、野菜や果物は、まるで「太陽が降り注ぐ果樹園や農園」からたった今収穫したように「新鮮に見える」[9]。これらの照明は、店内を明るく照らし、生鮮食品の色をより魅力的に作り出すことで、新鮮さを消費者の目に訴えることができたのである。

しかしながら、どれだけ様々な色の光を駆使したとしても、照明は果物や野菜そのものの熟し具合を調整したり、茶色く変色した肉を元の赤色に戻すことはできない。そこで必要となったのが、生鮮食品の色や味の変化を防ぎ、食べ頃をなるべく長く保つ方法で、中でも二〇世紀初めから半ばにかけて飛躍的に技術開発が進んだのが冷蔵・冷凍技術である。

食品の冷蔵方法で最も簡単なものの一つが、氷を使うことである。冷蔵技術が発達していなかった二〇世紀初頭には、陳列ケースに氷を並べその上に食品を置いたり、野菜や果物に霧吹きで水を吹きかけたりするなどして、水分と温度調整が行われていた。氷や水滴が、温度を下げ食品を長持ちさせるだけでなく、視覚的に清涼感を与えることもできる。そのため、見た目のセールスアピールを高める方法として、冷蔵技術が発達した現在でも、特に魚売り場などでは、氷を敷き詰めた冷蔵ケースが使用されている。

食品小売業界で冷蔵庫が本格的に広まり始めたのは一九四〇年代で、特に第二次世界大戦後である。すでに一九一〇年代には商業用冷蔵庫の販売は行われていたのだが、冷蔵に用いる氷と塩を収納するタンクが大きく、多くの食料品店では設置スペースを確保することが難しかった。一九二〇年代に、冷蔵庫メーカーのフリッジデール社が、冷却装置と保冷庫部分とが一体化した冷蔵庫を開発し省スペース化を図ったことで次第に広まっていったものの、大量の食品を保冷するには向かないなどの問題を抱えていた。

特に、生鮮食品のセルフサービスを実現するために必要な冷蔵ディスプレイケースは未だ十分なものではなかった。都市部のいくつかのスーパーマーケットでは、精肉のセルフサービス販売を試験的に行ったのだが、冷蔵ケース内の商品を均等に保冷することが難しく、肉の新鮮な色を長時間保つことができなかった。そのため、逐次店員がチェックし変色したものを取り除く必要があった。皮肉にも「セルフサービス」の導入によって、必要な人員と仕事が増えてしまったのである。

一九四〇年代末に化学メーカーのデュポン社が冷媒としてフロンを開発したことで、食料品店用の冷蔵ケースも大きく改善された。これまでよりも温度を低く保つことができ、大量の商品を一気に冷蔵・保冷することができた。また、現代では肉や魚売り場で当たり前となっている、蓋のついていない(オープントップ)冷蔵ケースでも、十分に保冷できるようになった。

冷蔵技術は、肉や野菜・果物を冷たく保つことで、バクテリアの繁殖を防いだり、熟し過ぎるのを防ぐことで、食品の腐敗のみならず色の変化も遅らせることができた。バクテリアの繁殖や食品の生理的変化は、色の変化を伴うもので、例えば肉は茶色に、レタスなどの葉物は黄色っぽく変色してしまう。このことから、冷蔵庫メーカーは一貫して、冷蔵技術とともに、いかに自社製品が食品をより良く見せることができ、視覚アピールに役立つかを宣伝広告で強調した。例えば、一九四六年のフリードリヒ社の広告では、当社の冷蔵ケースを使えば「肉がよりきれいに見え、売り上げも上がる」という文句とともに、冷蔵ケース内に肉が整然と並んだイラストがカラーで掲載されていた[10]。冷蔵ケースは、食品の劣化を遅らせるとともに、照明と同じく、生鮮食品の見た目を最大限に活かし、色を通して新鮮さを見せるための機器でもあったのだ。

透明性が隠すもの

照明や冷蔵技術と並んで、食品の見せ方や買い物の仕方を大きく変えたものの一つが、食品パッケージ、特に透明フィルムを使用したパッケージである。そしてこれは、多くの食料品店が望んでいた、生鮮食品売り場を含めた店舗全体の「完全なセルフサービス」の実現を可能としたものでもあった。

今日、肉や魚から野菜、果物、パンや菓子類にいたるまで多種多様の食品に透明のパッケージフィルムや包装袋が使われている。食品の種類によっても異なるが、フィルムを通して見える商品の姿がパッケージデザインの一部になっているものもある。消費者は、スーパーマーケットで買い物をする際、パッケージを通して中身を確認することができ、透明フィルムは商品の品質について透明性を高めたようにもみえる。パッケージの内容物を保護しつつも、食品を見せることのできるこの透明フィルムは、私たちに何を教えてくれるのだろうか。

世界最初の透明フィルムは、一九〇八年にスイス人化学者ジャック・ブランデンバーガーによって開発されたセルロースフィルムである。これは木材パルプ(セルロース)から作られたもので、ブランデンバーガーは、「セルロース(cellulose)」とギリシャ語で透明を意味する「ダイアフェイン(diaphane)」を合わせた造語から「セロファン(cellophane)」と名づけた。この発明を商品化するため、一九一七年、フランスに拠点を置くラ・セロファン社を設立した。一九二二年までに四〇〇トンものセロファンが製造され、そのうち四割がアメリカに輸出された。アメリカでの高い需要を見越し、一九二三年、ラ・セロファン社は、アメリカ・デラウエア州に拠点を置くデュポン社にアメリカ国内における製造・販売独占権を譲与した。

当時販売されたセロファンは防湿効果がなかったことから、衣類や化粧品、タバコなどの食品以外の消費財や、チョコレート箱などの外装として主に使用されていた。一九二七年にデュポン社で防水・防湿機能を備えた新型セロファンが開発されると、食品に直接触れるパッケージとして利用可能となった。だが当時は、食品パッケージとして広く使用されていた紙製のパッケージ素材と比べるとセロファンは高価で、食品販売業者の多くはなかなかこの透明フィルムを使おうとはしなかった。

そこでデュポン社は、セロファンの販売促進の中で、紙との決定的な違いである透明性を強調し、中身が見える包装がいかに売り上げ増加につながるかを宣伝したのである。防湿セロファンが開発されて間もない一九二八年に発行された同社の販促用冊子では、セロファンのパッケージは「[商品の]色、サイズ、形、材質感や肌触りが事細かにわかる」と訴えた。特に食品の「おいしそうな見た目」は「味覚を刺激し、客の購買意欲を高める」効果があるとして、視覚に訴えるパッケージや販売方法の重要性を説いた(11)。

ただ、スーパーの食品売り場で使用するには、この防湿セロファンも完璧ではなく、低温にさらすともろく破れやすくなり、冷蔵ケースで使用するには不向きであった。また、精肉のパッケージとして使用すると、フィルムが触れる肉の部分が変色する傾向があった。これは空気透過やパッケージ内の湿度調整が十分にできていなかったためで、肉を包装し一定時間冷蔵ケースの中に置いておく必要があるセルフサービスには致命的な問題であった。

精肉向けパッケージを含め、透明フィルム市場を開拓しようと、一九三〇年代から四〇年代にかけて多くの化学メーカーが商品開発を進めていたのだが、ついに一九四六年、他社に先駆けてデュポン社は、精肉パッケージに適した透明フィルムを開発した。パッケージの外側に、防水効果のあるニトロセルロースという素材を用いることで、内部の湿気を程よく逃すことができる一方、何も塗られていない内側は、肉の適度な湿度を保つことができた。また、肉の変色を防ぐためには適度に空気に触れることが必要なため、フィルムの両面とも空気が透過できるようになっていた。さらに、新しいセロファンは高い強度で破れにくく、セルフサービスで客が手に取っても破損しづらいものであった(口絵8)。この新しいセロファンの開発で、透明フィルムを用いた生鮮食品の包装が飛躍的に拡大した。

セロファンの使用拡大で、単にパッケージ技術や食料品店内の見た目が変化しただけでなく、食品を購入する際、視覚情報がより重要になっていったともいえる。透明フィルムはパッケージの中身を見ることを可能にしたが、客は商品を直接触ったり匂いを嗅いだりすることができないため、視覚以外の情報を得ることが難しくなったのだ。また、パッケージ越しに見えるようになった商品は、食品のありのままの(あるいは「自然な」)姿のようでありながら、実はそれは入念に作り出された姿であった。セロファンは、透明なフィルムを通して中身を見せているだけでなく、パッケージ内の湿度や空気をコントロールすることで、野菜や肉など生鮮食品の見た目や新鮮さを長持ちさせるよう開発されたものだからである。よって、見せる包装は、見えないコントロールによって成り立っていたのだ。

個人化する買い物と視覚性

包装技術や冷蔵技術によって可能となった生鮮食品販売のセルフサービス化は、当時の社会的変化によって後押しされたものでもあった。第二次世界大戦勃発による労働力不足である。精肉売り場の店員は概して男性が多く(これはスーパーマーケットに肉売り場が統合される以前、独立した肉屋の多くが男性だったことにも由来する)、戦時中には兵役に就いたり、軍需工場で働く者が増えた。この事態を打開するため、多くのスーパーマーケットでは、セルフサービスを取り入れるようになったのである。一部の店舗では、女性を肉売り場の店員として雇うところもあった。戦後も引き続きセルフサービスを継続、または新しく導入する店が増え、一九五〇年代半ばまでに、スーパーマーケットの多くでは、生鮮食品売り場を含むほとんど全ての商品がセルフサービスで販売されるようになった。アメリカで肉売り場がセルフサービスとなったスーパーマーケットは、一九四六年には二八店舗だったのが、一九五六年には、全スーパーマーケットの約半数にあたる一万七〇〇〇店まで増加した(図7-3)。

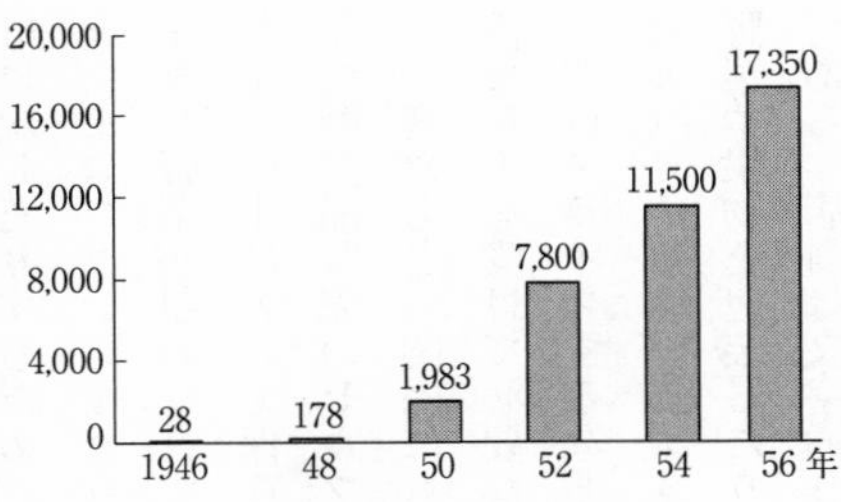

図 7-3　アメリカで精肉売り場にセルフサービス方式を取り入れたスーパーマーケットの数. Sam Teitelman, "Self-Service Meat Retailing in 1950," *Journal of Marketing* 15, no. 3 (January 1951): 309; ***Facts in Grocery Distribution*** (New York: Progressive Grocer, 1960) より作成.

技術的・社会的要因によるセルフサービスの拡大とパッケージの変化は、青果売り場にも及んだ。全ての野菜や果物が個包装されるようになったわけではなく、今日でも包装されずそのまま販売されているものも多い。だが、例えばレタスのように傷みやすい野菜などは、セロファンのフィルムや袋で包装することで、ある程度廃棄ロスを防ぐことができる。特にセルフサービスに移行すると、複数の客が商品を手に取ったり、棚に戻したりするため、何度も衝撃を受け、手で潰される可能性もある。薄いフィルムとはいえ、セロファンのようなパッケージを施すことで、ある程度の傷みを防ぐことができたのだ。また、野菜が包装されていれば、消費者は、料理に使った後に残った場合でも、そのままパッケージの中に入れて保存することも可能となった。

生鮮食品販売のセルフサービスが拡大したことで、スーパーマーケットで働く店員たちの役割や客たちとの関係にも大きな変化があった。かつて、これらの売り場で働く店員は、客から直接注文を受けて必要な野菜や果物を棚から取り出したり、ショーケース内の肉の塊を必要な分だけスライスするなど、客とのやりとりが食品販売を成り立たせるために不可欠であった。セルフサービスが拡大すると、こうした仕事に代わり、彼・彼女らの仕事は、バックヤードで野菜や果物を包装したり、肉をスライスして容器に入れ陳列棚に並べることが中心となったのである。店員は文字通り隅に追いやられ、店内は、冷蔵ケースの中で明るいライトを浴びる、透明フィルムに包まれた食品が彩るようになったのだ。

見た目や透明性など視覚性を重視した店舗作りによって、消費者がより自由に買い物を行えるようになった一方で、食料品の買い物は、店に入ってから出るまで、他人とのやりとりをほとんど必要としない孤独なものとなった。セルフサービスでは、店員に話しかけることは可能ではあるが、カウンターサービスほどに逐次店員が対応してくれるわけではない。つまり買い物体験は、人(客)と人(店員)とのやりとりの結果生まれるものではなく、人(客)と物(食品)との間で完結するようになった。食品の買い物は、客がカートを一人で押して通路を行き来しながら商品を手に取る行為となったのだ。

新しい食品販売形態や視覚に訴える陳列方法、冷蔵・包装技術の発達は、単に客の目を引いたり店内を明るく見せたりするだけでなく、食品の新鮮さやおいしさを伝えるためのスーパーマーケット的視覚環境を作り出したといえるだろう。都市部のスーパーマーケットでは、遠く離れた土地で収穫された野菜や果物、食肉工場から運ばれてきた精肉が販売されている。陳列棚に整然とこぎれいに並べられたこれらの食品は、産地・工場から店舗までの地理的距離や輸送時間を感じさせず、まるでスーパーマーケットの店内を擬似的な農場や牧場に見立てているかのようでもある。冷蔵・包装技術の発達で食品の劣化を防いだり遅らせたりすることができるようになったことで、新鮮さは、野菜や果物が収穫されてから、または家畜が屠殺されてからの時間ではなく、色などの見た目によって視覚的に作られるものにもなったともいえる。食べ物の色は、味や香りを消費者が想像するためのものだけでなく、新しい食品販売形態の登場とともに、新たな意味・役割を担うようになったのである。

第三部　視覚優位の崩壊？

第八章　大量消費社会と揺らぐ自然観

戦後の豊かさと綻び

スーパーマーケットに一歩足を踏み入れると、大量に並んだ色鮮やかな野菜や果物、棚を埋め尽くす加工食品が目に飛び込んでくる。そんな光景は、第二次世界大戦後のアメリカにおいて、食の豊さのみならず、大量生産・大量消費がもたらす「社会の弊害」を象徴するようにもなった。戦後アメリカで登場した多種多様の食品、さらには家庭用品、広告、ハリウッド映画、ポピュラー音楽などは「豊かな社会」を体現したものであった。冷戦中の一九五九年、アメリカ副大統領だったリチャード・ニクソンとニキータ・フルシチョフ旧ソ連共産党第一書記との「台所戦争」と呼ばれる対話が象徴的である。ニクソン副大統領は、アメリカの一般家庭には冷蔵庫や電気洗濯機が普及し、主婦たちは便利さを大いに享受していると述べ、ソ連を中心とした東側陣営の共産主義に対して、数々の消費財や新しい生活スタイルはアメリカ資本主義の勝利の象徴であると語った。

だが、豊かさや便利さを享受する中産階級家庭のイメージが、雑誌や新たな大衆メディアとして登場したテレビの中を彩る一方で、研究者や社会批評家、ジャーナリストらは、行き過ぎた資本主義経済の発展や消費主義社会を糾弾した。経済学者のジョン・ケネス・ガルブレイスは、一九五八年に発表した著書『ゆたかな社会』の中で、物質主義の拡大を批判した。例えば、企業の宣伝広告は、消費者が意識しない形で欲望をかき立て、消費の増大を助長しているとし、これを「依存効果」と呼んだ。消費主義社会を批判したジャーナリストのヴァンス・パッカードは、『かくれた説得者』(一九五七年)、『浪費をつくり出す人々』(一九六〇年)、『裸の社会』(一九六四年)など数々の著作の中で、心理学や行動科学を駆使した市場調査や巧妙なマーケティングが消費者の欲望を作り出し、購買意欲を刺激していると説いた。さらに、消費主義社会の弊害の一つとして、消費者の個人情報が企業マーケティングに利用されていることを挙げ、プライバシー侵害の危険性を警告した。また、DDTをはじめ農薬による環境破壊を訴えた、レイチェル・カーソンの『沈黙の春』(一九六二年)は、化学メーカーなどから大きな批判を浴びたものの、後の環境保護運動や法令制定を促す一端を担った。

戦後、前例のない経済成長とともに拡大した大量消費社会は、人々の消費のあり方や消費者としての自己認識を根本的に変化させることにもなった。消費者の健康や自然環境保護よりも生産性を重視した食糧生産システムに対して、社会運動家や消費者の一部は、新たな食生活や消費スタイルを標榜するようになったのである。大資本が作り出す物質主義と大量消費社会、それに対抗する知識人や消費者、という構図の中で、一九五〇年代から七〇年代は、新たな価値が模索された時代でもある。ピカピカの電化製品や人工添加物が大量に入った加工食品が消費者の生活を便利にした一方で、人工的な商品に依存しない「自然な」生き方を求める若者たちが、「対抗文化（カウンターカルチャー）」運動を繰り広げ、食生活についても大きな見直しを図ろうとした。彼・彼女らは、歴史家ウォーレン・J・ベラスコが「責任ある資本主義」と呼んだ、消費者や労働者を利用・搾取しないビジネスのあり方を目指し、自らも、例えば自然食品ビジネスを始めるなど、企業と社会、そして自然環境とが共生できる資本主義社会を標榜していた(1)。

次節以降では、こうした対抗文化を掲げる若者たちの運動をはじめとして、当時の社会運動の中で重視されていた価値観の一つ「自然性」に注目する。食べ物の色は、自然の象徴としても用いられていた。対抗文化運動から生まれた「自然な」食品・色は、現代の私たちの食生活にどのような影響を及ぼしているのだろうか。

アースカラーの対抗文化

戦後、アメリカの加工食品市場は一気に拡大し、その消費量は、一九五五年には家庭で消費された食品のおよそ四〇パーセントを占めるまでになった。当時の食品小売業向け業界誌は、主婦の家事労働を軽減する加工食品を「メイドとシェフのサービスが内蔵された(built-in maid and chef service)」便利な商品として紹介した。[2] 多くの食品メーカーや化学メーカー、また一部の科学者は、加工食品は便利さとおいしさを兼ね備えた食品で、季節や地域によらずいつでも同じものが食べられるとし、人工的・画一的であることこそ現代生活を豊かにするものだと語った。かつてヘンリー・フォードが画一化と大量生産がアメリカ人の生活に多様性をもたらしたと述べたように、多種多様な加工食品は、日々の食卓をより豊かに彩るものとして広まっていった。

だが、一九五〇年代頃から加工食品の拡大と並行して、自然環境や人体への影響を危ぶむ声が高まってきた。アメリカにおける有機農法の先駆者で編集者・作家でもあったJ・I・ロデイルは、自身が一九四二年に立ち上げた雑誌『オーガニック・ガーデニング・アンド・ファーミング』や多くの著作を通して、有機(オーガニック)食品の有効性や有機農法のノウハウなどを伝えた。カーソンの『沈黙の春』を「傑作」だと称賛したロデイルは、農業と健康とが不可分であるとし、農薬を使わない有機栽培を広めることに尽力した。栄養学者だったアデル・デービスは、健康的な食生活を推奨するとともに、「過剰に加工され、過剰に精製されたアメリカの食べ物は、ソフトドリンクやチョコレート、素早くエネルギーがとれるシリアルなどで溢れており、健康という概念とはほとんど、または全く関係のないものになってしまった」と述べ、加工食品や食品産業を批判した[3]。

当初、ロデイルやデービスらは、「奇人」や「異端」などと呼ばれ、大企業はもちろんのこと、消費者の間でもまともに受け取られなかった。だが、一九七〇年代に入り、カーソンが訴えたDDTの影響など、数々の環境問題や健康被害が明るみに出ると、加工食品に頼らない食事や環境に配慮した持続可能な農業がメディアから注目を集めるようになった。ロデイルは、一九七一年『ニューヨーク・タイムズ・マガジン』誌の表紙を飾り、有機食品についての記事も掲載されるなど注目を集め始めた[4]。それまで伸び悩んでいた彼の雑誌の購読者数は、一九六二年から七二年の一〇年間で二倍以上に増えた。

自然食品への関心も高まり、対抗文化の影響を受けた起業家たちが自然食ビジネスを立ち上げたりもした。例えば、対抗文化運動の中心でもあったカリフォルニア州では、一九七一年、アリス・ウォータースがバークレー市内に「シェ・パニーズ」という自然食レストランを開き、地元でとれた食材を使った料理を提供した（ウォータースは、地元カリフォルニア大学バークレー校の卒業生で、当大学は対抗文化運動の一大拠点としても知られている）。こうした地産地消や持続可能性を重視し、新鮮な野菜や果物をふんだんに使う料理は「カリフォルニア・キュイジーヌ」[5]として人気を集めるようになった。それまで有機や自然食品は、味気ない食べ物というイメージが一般的であった。だが、ウォータースをはじめとする有機や自然を標榜するシェフたちの料理は、こうしたイメージを大きく変え、ファッショナブルでおいしく、さらには健康や自然環境にも優しいものとして人気を集めていった。

大企業によって大量生産された加工食品ではない、より自然な食品・食生活を求める運動の中で、茶系色の食べ物が対抗文化の象徴として用いられた。中でも、豆類、ブラウンライス、ブラウンブレッド(全粒粉や胚芽を原料としたパン)は、健康的で自然な食品として対抗文化運動の支持者らを中心に食されるようになったのである。

例えばブラウンブレッドは、それまで一般的に売られていた白い食パンとの比較で、茶色は自然、白は人工的というイメージを強く押し出すことになった。アメリカでは、一九世紀後半から二〇世紀にかけて白い食パンのイメージが大きく変化してきた。一九世紀には、シルベスター・グラハムのように全粒粉パン(茶色いパン)の栄養的価値を提唱した食生活改善家らがいたものの、パン屋や小麦業者、栄養学者らの多くは、小麦を精製して作った真っ白いパンの方が健康的だと考えていた。特に精製技術が発達する以前は、小麦を白くすることが難しく、白いパンは技術の進歩と近代的イメージを象徴するものでもあった。

だが一九五〇年代以降、小麦の精製や漂白によって作られる白いパンは、他の加工食品とともに、人工的な食品の代名詞ともなっていった。白い食パンは、透明のビニールの包装袋(英語では「プラスチックバッグ」という）に入れて売られていることが多かった。当時、プラスチックは、使い捨てのカップや袋などの素材に使われることも多く、物質主義を促す地球環境に悪いものとしてアメリカでは使用削減を求める声が高まっていた。そのため、白い食パンは「プラスチックフード」などと揶揄されるようになり、歴史家アーロン・ボブロー＝ストレインが述べているように、「アメリカの悪い部分を全て凝縮した」ようなイメージを持つ食品となったのである。(6)

茶色いパンの中には、精製小麦を使った白いパンに着色料で茶色く色づけされたものもあり、必ずしも色の違いが栄養価の違いを表すものではなかった。だが、白い食パンが大量消費文化の弊害を象徴するようになったことで、実際の栄養価にかかわらず、白は味気なさや人工的操作、大衆迎合的な風潮を、茶は自然や本物を象徴するような色としてイメージが確立していった。

新しい「自然」の発見

自然の象徴として茶色い食品が対抗文化運動の中で広まりを見せる一方、必ずしも消費者は茶色い食べ物ばかりを望んだわけではない。やはり多彩な食卓は重要であり、全ての加工食品を手放すわけにもいかなかった。そこで需要が高まったのが「自然（天然）由来」の材料を用いた食品である。一九五〇年代以降、合成着色料による健康被害が社会問題となり連邦政府が規制を強めるようになった(第三章参照)。そのため着色料および食品メーカーは、かつて一九世紀末まで用いられていたような、植物由来のいわゆる天然着色料の開発に乗り出したのである。食品に天然着色料が本格的に使用されるようになるのは、二〇〇〇年代以降ではあるものの、より「安全」でより「自然」な着色料への関心は、消費者および食品業界の中で二〇世紀半ばより徐々に高まりを見せ始めていた。

天然着色料の中で、当時最も多く利用されていたものの一つは、アナトーと呼ばれる色素で、中南米原産の樹木の実からとれる。黄色またはオレンジ色に着色することができ、バターやチーズには古くから用いられ、加工食品産業が発達した一九世紀末以降、マーガリンをはじめ様々な食品に利用されるようになった。また、黄色やオレンジ色の食品には、カロテノイドと呼ばれる色素も広く食品業界で用いられていた。カロテノイドとは複数の色素の総称で、例えばパプリカに含まれるカプサンチンと呼ばれる色素や、ニンジンのベータカロテン、トマトのリコピンなどがある。

天然着色料への関心が高まる一方で、その商品化には多くの経済的・技術的問題が存在した。第三章で触れたように、概して天然着色料は値段が高く、大量生産で作られる安価な食品には不向きであった。また、熱や光、酸素に弱く、強い光に当たったり、長時間空気に晒されたりすると褪色してしまうため、長期保存や長距離輸送が困難であった。さらに天然着色料は、その色味が合成材料に比べて薄く、鮮やかな色を出したり、思うような色の再現性を実現することができなかった。例えば、今日広く用いられているアントシアニンと呼ばれる青・紫系の色素は、酸性の物質に触れると褪色しやすくなる。多くの加工食品では、アスコルビン酸(ビタミンC)が酸化防止や褪色・変色防止に使用されるのだが、アントシアニンはこれにも反応してしまうため、その使用が限定されていた。

天然着色料の商品化がなかなか進まなかった理由には、着色料そのものの特徴に加え、アメリカ政府による規制も関係していた。着色料改正法が制定された一九六〇年までは、新規に開発された着色料の安全性検査を政府機関が行っていた。だが、多大な費用がかかるため、改正法は、合成・天然によらず安全性の検査を着色料メーカーに義務づけたのである。そのため、各メーカーは、安全性を保証する技術と科学的知見が求められ、また当時、七五万ドルから一〇〇万ドルといわれた検査費用も企業が負担することになった。さらに、安全性検査を無事クリアし、販売できるようになったとしても、その着色料が売れるかどうかは確実ではなかった。一旦市場に出ると、他の企業が技術的・金銭的負担を被ることなく、その着色料を使用する可能性があり、着色料メーカーの間では、新しい着色料を開発し市場を開拓するインセンティブが低かったのである。

天然着色料の使用や開発の難しさから、野菜や果物の絞り汁を着色料の代わりに用いる食品企業も少なくなかった。野菜や果物から抽出された汁は、着色料のような「添加物」ではなく「原材料」として扱われるため、添加物よりも規制が厳しくなかったからである。商品化された着色料は、植物由来の着色料であっても、野菜など植物から単純に絞り取った色素ではなく、少なからず人工的な加工が施されていた。そのため果汁は、着色料のように明確な色が出なかったり褪色しやすかったりするなど機能的に劣るものでもあった。だが、食品によっては、政府の煩雑な認可プロセスを経て着色料を利用するよりも、絞り汁の方が技術的・経済的に理にかなっていたのである。

天然着色料の技術的弱点を解決すべく開発されたのが、化学合成によって「天然」着色料を生成する方法である。連邦食品規制では、物質の分子構造が同じであれば、それが自然由来であっても化学合成によって作られたものであっても同一のものと見做していた。化学合成によって作られた最初の「天然」着色料が、一九五〇年に開発されたベータカロテンと呼ばれる色素である。これは、カボチャやニンジンなど緑黄色野菜の多くに含まれている。ベータカロテンの化学合成は、同時期に三つの研究チームが別々に成功したもので、スイス人化学者で後にノーベル賞を受賞したポール・カラー、ドイツのブラウンシュヴァイク工科大学の化学者ハンス・ヘルロフ・インホーフェン、そしてマサチューセッツ工科大学のニコラス・ミラスそれぞれが率いるチームである。

この技術をもとに、一九五四年、スイスの製薬会社エフ・ホフマン・ラ・ロシュ（以下ロシュ）社がベータカロテンの商業化に向けて生産を実験的に開始した。その二年後、アメリカ連邦政府の認可を得て販売を開始した。同社は、一九六〇年代には、カロテノイドに属する「β−アポ−8′−カロテナール」と「カンタキサンチン」という二種類の色素の合成にも成功し、一九六三年と一九六九年にそれぞれの色素の使用認可を得た。これらはいずれも黄色からオレンジ系の色を出すことができたが、色合いや着色しやすい食品の種類などが異なっており、これら三つを用いることで、食品の色のバリエーションを確保することができたのである（例えばβ−アポ−8′−カロテナールはベータカロテンに比べて油脂を多く含んだ食品に適していた）。

化学合成によって作られたこれらの着色料は、自然由来のものよりも値段が安く、褪色しづらいなどの理由から徐々にその需要が高まり、中でもベータカロテンは最も多く利用される着色料の一つとなった。例えば、クッキーやスポンジケーキなどに茶色っぽい焼き色をつけるため着色料が使われることが多かったのだが、合成ベータカロテンを使う場合、自然由来の着色料に比べて色味が強いため使用量を五〇パーセント近く減らすことができ、経済的な材料として広く用いられた。

興味深いことに、当時、着色料メーカーは、食品企業に対する自社商品の広告の中で、合成か否かによらず「天然」もしくは「自然」を想起させないような宣伝を行っていた。これは依然として、天然着色料は高価で褪色しやすく鮮やかな色が出せないという考えが、食品および着色料業界には根強かったためとも考えられる。マイナスのイメージを避けるため、例えばロシュ社は、食品メーカーに向けた合成ベータカロテンの広告で、「ほんの少し加えるだけで望みの色を再現できる」ため「おそらく食品着色料の中で最も有効な」着色料であるとし、色味の強さと安定性を強調した。[7] 同社の他の広告では、いわゆる「合成（人工）着色料」ではないにもかかわらず、「合成によって作られた食品着色料」だとした上で、色素としての性能や安全性、経済性をアピールしていた。また、パプリカ由来の着色料を製造していたウィリアム・J・スタンゲ社の広告も、「色とフレーバーを最大限コントロール」することができ、「いつでも同じ結果が出せるよう標準化された」商品であると宣伝した。[8] 天然着色料や自然食品市場が未だ限定的であった一九五〇年代から六〇年代は、少なくとも業界関係者の間では、「自然」であることが必ずしも競争優位や付加価値を与えるものではなかったのである。

「自然」回帰

着色料メーカーや食品企業の天然着色料への対応が示すように、「天然」や「自然」は、常に同じ意味や重要性を持っていたわけではない。つまり、自然であることは、プラスにもマイナスにもなりえたわけである。何が自然であるかや、自然であることの意味は、これらの概念を具現化する物(例えば着色料や食品)、またそれを取り巻く社会的・政治的環境によって変化してきた。この「自然」とは何かという問いは、先に触れた対抗文化運動や、第三章で述べたような合成着色料反対運動における自然観にもみることができるだろう。

二〇世紀後半以降に消費者の多くが求めていた食品や食生活の自然さとは、大量生産や加工食品が誕生する一九世紀末以前の世界に戻ること、例えば当時の女性たちがしていたような、ほうれん草やニンジンから果汁を絞って着色料を作ることを標榜していたわけではない。スーパーマーケットで購入でき、一滴たらすだけで簡単に色をつけられる既製の着色料、もしくはすでに着色された食品を購入することを前提に、より「自然」な商品、そしてライフスタイルを目指すものであった。これは、第二次世界大戦後、産業化や食品加工技術の発達、生活環境の変化、特に女性の社会進出や核家族化、都市化の進展により食生活が大きく変化する中で、新たに作り出された自然性である。

大量生産システムと大量消費社会を存続させる中で生まれたのが、例えばベータカロテンのような化学合成によって作り出された「天然」着色料であり、人工的操作によって開発された「自然」な食品である。この他、バター生産者らが、牛に黄色い色素が含まれた餌を与えることで黄色いバターを生産していたように、餌によって理想的な食品の色を作り出すことは歴史的に長く行われてきた。同様に、鶏に海藻を食べさせることで肉や皮を濃い色にしておいしそうに見せたり（連邦政府は一九六一年に鶏の餌に海藻を混ぜることを合法化した）、養殖の鮭の餌に赤い色素を混ぜてピンク色の身を作り出したりするなど、加工食品の着色のみならず、動物の育成過程においても色は操作されてきた。

さらに、人々が自然だと思う色を再現するために、別の食品から抽出された色素を用いることもある。イチゴ味の飲料や菓子などを作る際、例えばトマト由来のリコピンと呼ばれる色素を使ってイチゴの色を表現することがある。イチゴだけを使用したのでは、綺麗な赤色（またはピンク）が再現できないためである。リコピンは天然着色料に分類される自然由来の色素ではある。また色素自体や着色した食品にトマトの味や香りが付着するわけではない。だが、トマトの色素を用いて表現された、より「自然な」イチゴ色は、どの程度「自然」であり、また「人工的」なのだろうか。

また、合成添加物より安全だという理由から自然食や天然素材への関心が高まったことは事実であるが、必ずしも「自然」な食品・材料が安全だとは限らない。自然由来の色素の中にも、人によってアレルギー反応を起こすものがある。例えば、食品をはじめ、繊維や絵画用塗料として数世紀にわたって利用されてきた赤い色素コチニールは、アレルギーの症例が多く報告されている。自然由来のものは安全であるという考え方は、食品規制の中にも現れており、アメリカでは一九六〇年に規制法が改正されるまで、天然着色料は規制の対象となっていなかった。コチニールにいたっては、ようやく二〇〇九年になって使用規制や基準が制定された。「自然なものは健康的で安全」であるという認識も次第に揺らいできているのである。

「自然」と「人工」の境界が曖昧となりその線引きが難しいもう一つの理由は、消費者が一定の人工的操作を許容しているためである。例えば、一九六〇年代に合成着色料の全面使用禁止を訴え、大々的なキャンペーンを行ったラルフ・ネーダーらは、食品の着色そのものには反対していなかった。安全性が確保できる天然着色料を使うことを求めはしたものの、必ずしも人工的に色を作ることを批判したわけではなかったのだ。

トマトの色素を用いたイチゴ味の飲料や海藻を餌にした鶏肉の色は、「自然」と「人工」の線引きの難しさとともに、自然や自然性に対する認識が文化的・社会的・政治的な産物であることも示唆している。本来、野菜や果物、肉や魚の色は、動植物の生体的特徴や環境によって出現するものである。だが、着色料の開発や技術的発展により、食品生産者らは、生育環境や気候の変化などの要因によらず常に一定の色の食品を提供するため、色を単なる外的特徴として操作するようになった。塩や胡椒をひとふりして味つけするように、着色料を混ぜれば、消費者が「正しい」「自然」だと思う色を簡単に作り出せるようになったのである。

一九五〇年代以降拡大した健康被害や六〇年代の対抗文化のように、新たな食生活やライフスタイルを求める社会運動の影響で、「自然」なモノへの関心が、アメリカ、そして日本を含め他国でも高まりを見せるようになった。自然食品や有機食品などが見直され、それまでは左派運動家や一部の「オタク」のものだと考えられていたこれらの食品は、より広い消費者層に受け入れられるようになったのである。

同時に、「自然」や「有機」は、ビジネス界からも注目を集めるようになった。特に二〇〇〇年代以降、大規模スーパーや大手食品企業らも自然食品ビジネスに目をつけ、スーパーの店内に自然食品コーナーを設けたり、有機食品の開発を進めたりしている。中には、「自然」とは程遠い、例えば加工食品を中心に販売していた企業なども自然食ビジネスに参入するようになり、自然食品や有機食品と銘打った加工食品が大量にスーパーに並んでいたりする。これにより、「自然」や「有機」といった概念が、政府規制では定義が決められてはいるものの、一般的には曖昧な意味を持って広まるようにもなった。「自然」という概念は、「健康」「エシカル(倫理的)」「サステナブル(持続可能)」であるというイメージと結びつくとともに、儲かるビジネスとなったのである。

「自然」な食品への需要やライフスタイル全体を見直す動きが高まる中で、食べ物の見た目にこだわらない、完璧な見た目ではないことを売りにするビジネスも改めて注目されている。

日本でも「訳あり」野菜や果物など、少し傷がついているものや色づきが基準以下であるものなどが安く売られているのを見かけるが、アメリカで「アグリーフードムーブメント」(アグリーとは「醜い」という意味)と呼ばれる動きもその一つである。色が掠れていたり、形が凹んだり曲がったりした、通常は政府や農協などが定める品質規定から外れるような農産物を主に販売するもので、「自然の恵み」を無駄にしないビジネスモデルを標榜する近年の動きは、同時に、色・見た目以外の価値が生産者および消費者の間で認識されるようになったことを示すものかもしれない。これは、「おいしそうに見える」のではなく、見た目に関係なく「おいしい」食べ物を提供しようとする動きともいえるだろう。

コラム　教育からエンタメへ

本章でみたような第二次世界大戦後のアメリカの豊かさと大量消費社会の台頭を象徴するものの一つにテレビがある。アメリカでは、一九五四年に初のカラー番組が放映され、一九六〇年までに八〇パーセント以上の家庭が少なくとも一台を保有するまでになった。ただし、カラー放送が本格化するのは一九六〇年代末以降で、カラーテレビ販売台数が白黒テレビを上回るのは一九七二年になってからである。

テレビ放送黎明期から今日にいたるまで、食や料理をテーマにした番組は、アメリカや日本を含め多くの国で人気が高く、特に一九九〇年代以降、食に特化した番組は各国で急増した。しかし、それらの番組の内容や性格は時代によって異なる。ここでは、テレビという視聴覚メディアを通して伝えられる食が、いかに変化してきたのか探ってみたい。

アメリカでは、テレビ放送が始まる一九四〇年代まで、ラジオで料理番組が放送されており、その最も早いものの一つが第六章で触れたベティ・クロッカーの番組である。ラジオが一般家庭に広まり始めた一九二〇年代には、ラジオは家族団欒を演出する機器として、高尚な文化を育て、大衆の教養を高めるべきものだと考えられていた。こうした中、企画されたものの一つが料理番組である。（家庭で作る）料理は女性が担うものという当時の考え方を反映し、女性（主婦）に料理を教えるための番組として放送されたのだ。ちなみに、想定されていた主な対象は女性であったものの、実際には男性聴取者も少なからずいた。

その後、テレビ放送が一般化したことで、料理番組も視聴覚を通して伝えられるようになった。料理の工程や材料を理解するだけならば、料理本を読めば事足りるかもしれない。もしくはラジオ番組の説明を聞くだけでもおおよそ料理の手順はわかるだろう。一方、テレビ番組では、文字で読んだり、説明を聞いたりするだけではなく、料理の焼き具合や切り方などを見ることが可能となり、視聴者が自分で料理をする際に調理加減やできあがりを想像しやすくなったといえる。

このような違いはあるものの、ラジオ番組同様、初期のテレビ料理番組も、女性の「教育」を目的に、料理の知識やノウハウを伝えることが中心だった。特に一九四〇年代から五〇年代にかけては、家政学や栄養学の専門家（多くは女性で、ホームエコノミストとも呼ばれる）が講師となって、料理方法を伝えるものだった。テレビ料理番組の歴史に関する著書があるキャスリーン・コリンズによれば、当時の料理番組は、出演者（講師）の性格や演出方法の重要性がほとんど認識されておらず、どれも同じような（単に料理を教える）ものであった[9]。

その例外の一つは、戦後間もない一九四六年から四七年に放送された、シェフのジェームズ・ビアードによる『*I Love to Eat*（食べるの大好き）』かもしれない。ビアードは、地元食材や新鮮な材料を使った料理を広めることに努め、アメリカ料理界に多大な影響を残した人物であったが、この番組をきっかけに、シェフとして広く知られるようになった。料理番組のアイコニックなパーソナリティの草分け的存在で、いわゆる「セレブリティ・シェフ」と呼ばれるメディアを通して有名になった料理人の一人でもある。

ビアードとも親交が深く、教育目的の料理番組がエンターテイメント(以下、エンタメ)としても広まるきっかけを作った一人が、ジュリア・チャイルドである(図8-1)。日本では、二〇〇九年公開の映画『ジュリー&ジュリア』でその名を知った人もいるかもしれない。一九六三年から放送が始まった『*The French Chef*(フレンチシェフ)』という番組の講師を務めたチャイルドは、それまで格式高いものだと思われていたフランス料理を広くアメリカ家庭に伝えた。放送された料理を実際に作った人がどのくらいいたかはわからないが、番組は大きな人気を博した。その理由の一つが、チャイルドの陽気でおおらかな性格である。細かいことを気にせず、料理中に失敗をしても意に介さない明るさと大胆さが、多くの視聴者の心を捉えたのだ。

日本でも、料理番組は教育のみならずエンタメ的性格を帯びるようになった。一九五〇年代から六〇年代にかけて放送が開始された初期の料理番組は、主に料理法を伝える教育を目的としたものであった。例えば、一九五七年に始まった『きょうの料理』や一九六二年から続く『キユーピー3分クッキング』などである。

図8-1　ジェームズ・ビアード(右)とジュリア・チャイルド(左). 写真：ダン・ウィン. ジェームズ・ビアード財団.

その後、教育番組としてのテレビ料理番組から脱却を図ったものの一つが、一九七五年に始まった『料理天国』(一九九二年終了)である。従来の番組のように、講師が調理台の後ろに立ち、料理をしながら視聴者に調理方法を伝授することを主眼に置くのではなく、(料理人ではない)出演者が料理を食べ感想を言い合うシーンやゲストのお気に入りの店を紹介するコーナーなどもあり、料理を食べること、そして見ることをエンタメとして提供するようになった。料理番組の目的は、教育中心であったものから、おいしそう、面白い、楽しい、といった感情に訴える、または感情を引き出すことへと拡張していったのである。

こうしたエンタメとしての料理・グルメ番組は、一九九〇年代以降増加していくことになる。日本でいえば、一九九三年から六年間放送された『料理の鉄人』や一九九四年から二〇一六年まで続いた『チューボーですよ!』、一九九七年から二〇〇六年まで放送された『どっちの料理ショー』、一九九八年から現在も続いている『ゴチになります』などが挙げられるだろう。

これらは、プロの料理人が登場し料理の説明をしたり、料理法や調理のコツなどを紹介することはあるものの、どちらかというとトーク番組に近い。タレントが食べる姿や料理にまつわる話などが面白おかしく演出されるのだ。例えば、『チューボーですよ!』では、作る料理やその出来栄えも番組を構成する重要な要素ではあるものの、出演者同士の会話や掛け合いも見どころの一つとなっていた。

また、『料理の鉄人』は、高田公理が述べているように、格闘技に似た要素が強い[10]。料理人(鉄人)=格闘家が競い合うというだけでなく、番組の進行や演出の仕方も、プロレス中継などを模したところがあるように思われる(海外でも人気を集め、アメリカ、イギリス、オーストラリア、タイ、ベトナムなどでは各国版の『料理の鉄人』が制作された)。キッチン(『料理の鉄人』では「キッチンスタジオ」と呼ぶ)をバトルフィールドにして、グラディエーターさながら料理の腕前を競い合い、その姿は観客(視聴者)の見世物になるのである。一九八〇年代末からテレビで放送されるようになった大食い選手権などはまさしく闘う姿が主題化した事例である。出場者(選手)は「フードファイター」と呼ばれ、食べることがスポーツとして演出されてもいる。こうした番組は、闘う(=料理するまたは食べる)姿が、スペクタクルとなって見る人の目を楽しませるよう作られているのだ。

食をエンタメとして見せるテレビ番組では、多くの場合、視聴者は、自分が料理を作ったり、店に足を運んで料理を楽しむためというよりは(中には番組で紹介された料理を実際に作ったり、レストランに行く人もいるだろうが）、番組出演者が料理を作ったり食べたりする様子を眺めることになる。テレビ番組という一種の劇場の中で、食べ物およびそれに関する情報、そしてそれを作る・食べる人が見世物となり、架空の（演出された）世界を楽しむわけである。

見世物であるエンタメとしてのグルメ番組において、食べ物の見た目、プレゼンテーションの仕方は当然重要となる。照明やクローズアップなどの撮影技術を駆使して、おいしそうに見せるための画作りが行われる。キラキラと照りのあるステーキや鮮やかな緑が眩しいサラダ、濃厚そうな白濁したスープから湯気が立つラーメンなど、番組の中で食べ物は、画面を彩る小道具（プロップ）として用いられるのだ。このような視聴者の食欲を刺激する画に続いて、出演者が料理を皿から持ち上げる様子や口を大きく開けて食べる姿が映し出される。視覚効果を最大限引き出すよう映された食べ物と、それを貪る出演者の身体が、視聴者の欲望（食欲）を作り出すという構図は、ポルノグラフィーにも似ている。実際、広告などで料理を魅力的に写した画像のことを指す「フードポルノ」という言葉があるように、食べ物は見るためのモノとなり、その色や全体の見た目は、味や新鮮さを伝えるだけでなく（むしろそれ以上に）、食欲をかき立て、視聴者を楽しませることを最終目的として作り出されるようになったのである。

第九章　ヴァーチャルな視覚

前章でみたように、一九六〇年代以降、対抗文化や自然食品・有機食品への関心が消費者の間で高まる中、食べ物の色に対する人々の考え方が大きく変化してきた。人工着色料使用への反対運動や近年のアグリーフードムーブメントなどは、大量生産された画一的な食品や、食べ物の色を味よりも優先させることに異議を唱えるものでもあった。赤や青など明るくカラフルに色づけされたキャンディーは健康に良くないものだと認識したり、ワックスを使ってピカピカに磨かれた真っ赤なリンゴは「自然」な色ではないと考えたりする消費者も増加した。日本でも、かつてお弁当のおかずの代表格だった赤いウインナーは、着色料の健康被害が報道されてからスーパーの陳列棚の隅に押しやられるようになった。こうした消費者の動きは食品産業のあり方にも大きな変化をもたらしており、例えば二〇〇〇年代以降、自然食品市場は世界的に拡大を続けている。

では、今日、食べ物の色や見た目は以前ほど重要ではなくなったのだろうか。確かに、見た目が悪くても味は問題ないと考える消費者が増えたかもしれない。だが一方で、テレビや雑誌、インターネットなどのメディアや数々のソーシャルネットワーキングサービス(SNS)で、食べ物の映像・画像は欠かせない素材となっている。食べ物を特集したテレビ番組は毎日のように放送され、インスタグラムに投稿される写真の中で食べ物は人気の高いコンテンツの一つである(コラム「教育からエンタメへ」参照)。これらは、食べ物(より厳密には食べ物の見た目)が、メディアを通したスペクタクル、つまり人々の目に訴える視覚環境を構成する重要な要素として利用されていることを示すものでもある。食べ物が、食べるものであるだけでなく、見るものとして作られ、消費されるようになった一つの文化現象といえるかもしれない。

本章では、これまでみてきた食べ物の色の歴史や産業化にともなう五感経験の変化を踏まえ、現代社会における食べ物の色や見た目について考えていきたい。ここでは日本に焦点を当て、新たな食品ビジネスやライフスタイル、社会変化とともに私たちの視覚体験を大きく変えつつあるネットスーパーとSNSアプリに着目する。前者は、オンラインショッピングが普及した今日、食品、特に生鮮食品の売り方および見せ方の変化を象徴する一例である。第七章でみたように、スーパーマーケットにとって、新鮮さを視覚的に伝え、多くの人が自然だと思う食べ物の色を陳列棚で見せることは重要な店舗作りの一つだった。食品の販売がリアルからヴァーチャルに移行したことで、食べ物の色の役割は変化したのだろうか。SNSもネットスーパーと同じくヴァーチャルな世界で食べ物を見せるものだが、その見せ方やそこに写し出される食べ物の役割や意味は大きく異なっている。これらを通して、私たちの食べ物の色に対する認識がいかに作り出されてきたのか、また作られようとしているのかみていきたい。

ネットスーパーやSNSが広まったのはここ二、三〇年である。だが、多くの人たちの間で食べ物の写真が共有され、そうした視覚情報が意味を持ちうるのは、本書がこれまでひもといてきたように、一九世紀末以降、人々が自然または当たり前だと思う食べ物の色が作り出されてきたからこそだといえる。ネットスーパーとSNSそれぞれで用いられる食べ物の写真の違いにも着目しながら、これらデジタルメディアを歴史的流れの中に位置づけて考えてみよう。

ネットスーパー

ネットスーパーとは、野菜や肉などの生鮮食品を含む食品や日用品など、スーパーマーケットで扱っている商品をパソコンや携帯電話で注文し、宅配してもらうサービスである。ネットスーパーのインターネットサイトを見ると、多くの場合、野菜や果物、肉、魚など、実店舗の売り場のように商品の種類ごとにカテゴリー分けされている。それぞれのカテゴリーの中に、トマトやキュウリ、ピーマンなど個々の商品が「陳列」されており、商品名や種類、数量、値段、そして大抵の場合は写真が掲載されている。客は、欲しい商品をクリックし「買い物かご」に入れる。オンライン上で会計を済ませると、店に注文が届くようになっている。その後、店員が店頭から商品を集め発送する。

アメリカでは、一九九〇年代半ばにネットスーパーと呼ばれる業態が誕生したが、その多くは、アマゾンのように実店舗を持つことなく、インターネット上のヴァーチャルな店(サイト)を通して販売を行い、流通センターから注文された商品を発送するというタイプが中心だった。現在のように既存スーパーが本格的にオンラインビジネスに参入するのは二〇〇〇年頃からである。日本でも、同時期に西友やイトーヨーカドーなど大手スーパーマーケットが商品のネット販売を開始した。ちなみに、「お取り寄せ」が雑誌やネットニュースで取り上げられるようになったのも同じ頃である。

食品の買い物のオンライン化は、二〇世紀半ば以降広まった食料品店のセルフサービス化がもたらした変化と同様の、またはそれ以上の新しい消費形態だといえるだろう。第七章で述べたように、スーパーマーケットは、新鮮さやおいしさを視覚的に表現し、消費者の目に訴える新たな視覚性の構築とともに発展してきた。食品の生産過程で、「自然な」あるいは「おいしそう」な色が作り出されるとともに、その色および味を保つことが小売店での重要な課題の一つとなったのである。商品の陳列や店内の照明、冷蔵ケース、包装容器など様々な技術や方法を駆使して、スーパーマーケットの美学ともいえる新鮮さの視覚化が行われてきた。

ネットスーパーは、そうした消費者の視覚経験を大きく変えつつあるようにみえる。冷蔵ケースや陳列棚に所狭しと並んだ色とりどりの野菜や果物、肉、加工食品のパッケージに囲まれて買い物をすることがなくなり、店内に入ると目に飛び込んでくるはずの風景は、スマートフォンやパソコンの画面上に並ぶ商品の写真に変わった。そして最大の違いの一つは、自分が購入する食品を実際に手に取って見られないことだろう。

記号化する食

多くの場合ネットスーパーでは、どんな商品を売っているのかを消費者がイメージしやすく、また認識しやすくするため写真が掲載されており視覚情報が提供されている。だが、それらの写真は実際にその店で販売している商品ではなく、一般的な画像写真であることも少なくない。その場合、商品の種類(例えば「トマト」など)は視覚的に判断できるものの、自分が購入する特定の商品を確認することはできない。

こうしたネットスーパーの写真、より厳密には店に並んでいるまたは客が購入する特定の商品ではなく、一般化された物撮り画像は、食堂の入り口に置いてある食品サンプルに似た機能を果たすものだといえる。ネットスーパーで掲載されている写真の主たる目的は、消費者による商品の種類の認識であり、食べ物の色・見た目は、それが何の食べ物であるかを示すための記号として用いられているのだ。ネットスーパー内では、例えば、黄色いバナナ、オレンジ色のオレンジ、赤いトマトの写真が並んでいる。ほとんどの消費者は、これらの色を何の疑問も持たず当たり前のものとして食品を選択し購入するわけである。

これは、ネットスーパーが買い物客の五感経験を大きく変えたものの、必ずしもこれまでの視覚の歴史からの断絶ではないことを示唆している。本書でみてきたように、食べ物の「あるべき」色・「自然な」色は、長い歴史の中で作り出されてきた。そうした色を人々が内面化し、ある程度共通認識を持っているからこそ、ネットスーパーの写真は成り立つのだ。つまり、多くの食品において、その色、また味や形が標準化されてきたこと、そして標準化された色を「自然な」または「普通の」ものだと多くの人が考えるようになったことによって、ネットスーパーが機能しうるのである。

だが、記号化された食品サンプル的画像のみに頼った買い物に抵抗を示す消費者は少なくない。二〇一五年の調査では、ネット販売で食品を購入しない理由として、自分の目で見て商品を選べないことが最も多く、回答者の六一・九パーセントにのぼった[1]。食品の中でも特に、野菜、精肉、鮮魚などの生鮮食品を自分の目で見られないことがネックになっているようだ[2]。

依然として食品のネット販売の利用は限定的で、二〇一九年の調査では、回答者約八二〇〇人のうち、食料品の購入で月に一回以上利用する業態は、食品スーパーが六六・五パーセント、総合スーパーが五一・五パーセント、次いでコンビニエンスストア（五七・五パーセント）とドラッグストア（六二・二パーセント）もスーパーとほぼ同程度利用されている。一方で、ネットスーパーを月一回以上利用すると答えた回答者は七・七パーセントに留まっており、依然としてオンラインよりも実店舗で買い物をする人が多いことがわかる。[3]

ただ、ネットスーパーの会員登録者数は増加傾向にあり、例えばスーパー大手のイトーヨーカドーでは、二〇一〇年に約八〇万人だったネットスーパー会員数が、二〇二〇年三月までにおよそ三〇〇万人に達した。さらに二〇二〇年春以降、コロナ禍でネットスーパーを利用する人が日本国内外で増えており、今後、ネット利用はある程度定着するかもしれない。実際、実物を見られないことがデメリットだと考える消費者が多い一方で、特に高齢者や小さな子供がいる家庭では、重いものを運ぶ必要がないことや時間の節約になり便利であることなどを理由にネットスーパーが利用されている。かつて、セルフサービス方式のスーパーマーケットの台頭で、パッケージに入った切り身の魚や肉を買うこと―つまり客が自分自身の視覚のみに頼って購入すること―を次第に人々が受け入れていったように、スマートフォンやパソコンの画面上に映る記号化された食べ物の写真を見て買い物をすることが「普通」になる日が来るかもしれない。

SNSの誕生

ネットスーパーと同様に、私たちの食べ物の認識の仕方や食文化、そして消費のあり方を大きく変えようとしているものの一つにSNSが挙げられる。ネットスーパーもSNSも、デジタル時代における視覚環境の変化を象徴するものである。だが、ネットスーパーとSNSとでは、掲載される画像の役割や意味に大きな違いがある。ここではまず、写真のデジタル化やSNSの利用拡大がもたらした変化について、次にSNSで共有される食べ物の写真に焦点を当てて考えてみよう。

写真誕生から一八〇年あまり(第二章参照)、現在私たちは、写真の新たな時代を迎えている。以前から、家庭用カメラの普及とともに、家族や友人と日常または特別な日の思い出を写真に残すことは一般的になりつつあった。例えば、アメリカでイーストマン・コダック社が一九〇〇年に販売を開始した家庭用カメラ「ブローニー」は、特別な知識や撮影スキルを必要とせず、プロカメラマンや愛好家でなくとも比較的手軽に写真を撮ることを可能にした。特に一九五〇年代以降、ブローニーはアメリカで大きな人気を博し、日常の一部を切り取ったスナップ写真を広めるきっかけの一つともなった。その後、日本では、「写ルンです」(一九八六年発売)のような使い捨てカメラ、二〇〇〇年頃からはデジタルカメラが広まり、愛好家以外の人々もカメラを手にするようになったのである(当時、デジタルカメラは、薄型テレビ・DVDレコーダーと並んで「デジタル家電の新・三種の神器」と呼ばれた)。

デジタルカメラが売り上げを伸ばし始めたのと時を同じくして、カメラ付き携帯電話が誕生した。一九九九年、DDIポケットが世界初のカメラ付き携帯電話を発売、翌年にJフォンが販売を開始した端末を機に急速に普及し始めた。それ以降、携帯電話、スマートフォン、タブレットのほとんどで内蔵カメラがデフォルトの機能として販売されるようになると、カメラは電話の「付属機能」となったのだ。フィルムの購入・交換や現像する手間が省け、カメラを単体で購入する必要さえなくなった。いつでも誰でも簡単に写真を撮り、その場で写真を確認できるようにもなった。さらに、最近では手軽に写真の加工ができるほど機能の拡張が進んでいる。

スマートフォンやパソコンの普及ともあいまって、写真を撮るだけでなく、デジタルメディアを通して共有することが一つの文化として生まれた。その代表がSNSで(他には個人のブログやホームページなどがある)、例えば、二〇〇四年にアメリカで大学生間の交流サイトとして始まったフェイスブック(二〇〇六年以降、ユーザーの対象を拡大)や、二〇一〇年にリリースされた画像共有専用アプリのインスタグラムがある(二〇一二年、フェイスブックがインスタグラムを買収)。フェイスブックは現在世界最大ユーザー数を持つSNSで、その月間アクティブユーザー数は二九億人にのぼる。インスタグラムの全世界の月間アクティブユーザー数は約一四億人で、こちらも多くの国で人気のアプリである(いずれも二〇二一年六月時点)。日本でも、二〇一七年に「インスタ映え」がユーキャン流行語大賞に選ばれるなど、SNSを通した写真の共有が一大ブームとなった(英語では、インスタ映えに似た言葉で「instagramable」という語がある)。

揺らぐプロとアマの境界

SNSなどデジタルメディアにおける写真の共有という文化は、我々の社会にどのような変化をもたらしたのだろうか。まず一つに、写真撮影者および写真の区分や境界がぼやけてきたことが挙げられる。かつて写真の多くは、プロの写真家もしくはアマチュアによるもののどちらかに大別された。プロによる写真は、雑誌や書籍・広告などのグラビア写真、芸術作品として制作された写真、そして写真館で撮影する家族または個人の写真や旅行先などで撮影される集合写真などがある。アマチュアによるものでは、スナップ写真のように家族や友人、恋人たちが思い出の視覚的保存方法として日常もしくは旅先などで撮影したものなどである。

だがSNS内では、プロの写真もアマチュアの写真も、一見フラットな関係で画面上に映し出される。実際には、写真の出来栄えなどはフォロワー数や「いいね」の数など、ある意味で写真の評価に直結しており、個々の写真は全く対等なものとして見られるわけではない。だが同じ画面(メディア)に載せ、発信するという意味では、かつてのプロとアマとの間に存在したような「棲み分け」や違いは不透明になっている。インスタグラムに料理の写真を投稿する人気のインスタグラマー（インスタグラムに写真を投稿する人）は、「デリスタグラマー」と呼ばれ、多くのフォロワーを持つだけでなく、料理本や写真集を出版する動きも出ているが、そのバックグラウンドは様々で、不透明化する「棲み分け」の好例といえるだろう。

さらに、写真撮影者のプロとアマの境界だけでなく、料理を作る主体も変化している。これまでは、広告や料理本、テレビ番組などパブリックな場で見せる食べ物の多くは、プロの料理人やフードコーディネーターと呼ばれる人たちが調理をし、プロのカメラマンが撮影したものだった。だがSNSやブログなどは、パブリックな空間で共有する料理であっても、プロの料理人ではない人たちが作ったものも共有されうるようになったのである。

コンシューマーからプロシューマーへ

撮影者や料理を作る人のプロ・アマの境界が不透明になったことは、SNSがもたらしたもう一つの大きな変化も示唆している。それは、食の生産者と消費者の境界も部分的ではあるが溶解しつつあることだ。

本書でみてきたように、これまでは、食べ物そのものの色も、広告など印刷媒体に掲載された色なども、ほとんどが産業側（生産者・小売業者・広告主・プロの料理人ら）が作り出した色であった。それらは、企業の生産・マーケティング戦略の一つとして、標準化された食品を安価に大量に生産し、全国またグローバル市場で販売するためのものでもあった。だがSNSの流行や画像加工アプリ等の普及により、誰もが食べ物の色・見た目を作ることが可能となったのだ。例えば一般の人が自分で料理を作り、写真を撮って投稿したり、自作の料理ではなくとも、誰でも簡単に画像を加工し、写真の色を作り出すこともできる。産業が作り出す食べ物の色は依然として私たちの生活の一部ではあるものの、消費者が、食べ物そのものの色を作り出すことも、メディア(この場合はSNS)で表象される食べ物の色を作り出すこともある程度自由にできるようになったのである。

「プロシューマー」という言葉をご存知だろうか。一九八〇年、アルヴィン・トフラーが著書『第三の波』の中で用いた概念である。プロデューサー(生産者)とコンシューマー(消費者)をかけ合わせた造語で、生産活動に関わる消費者を指す[4]。SNSを通した写真の共有は、消費者が、単に商品を消費するだけではなく、ある意味で生産的役割を担うようになったことを意味している。このパラダイムシフトとも呼べる変化は、SNSをはじめとするデジタルメディアが、写真のあり方のみならず、食品産業、ひいては食文化全体に影響をもたらしたものの一つだともいえる。

「盛る」ための写真

写真を撮ったり料理を作る主体のみならず、写真撮影と鑑賞に関わる行為も大きく変わった。大山顕が、写真は「見る」ものから「処理」するものになったと述べているように、写真は、撮る・見るものであるだけでなく、SNSの写真においては「加工」「シェア(共有)」「いいね」することが重要となったのだ。[5] この撮影から共有までの一連の操作は、被写体への態度も変化させた。SNSの写真には、日常の記録や思い出の保存というだけではなく、むしろそれ以上に、ユニークな見た目であることが求められる。よって映える被写体というのは、単に綺麗な色をしているとか、撮影者がおいしそうと思うものというよりは、多くの人の目にとって「面白い」ものということになる。それはSNS写真独特の美学である。佐藤卓己が論じるように、こうした写真は、見栄えを優先させる一方、被写体・素材の事実性は軽視されがちである。つまり、「データ素材としてどのような加工もできるデジタル写真は、記録のメディアというより表現のメディア」となったのである。[6]

SNSで共有される食べ物の写真も同様で、それらは加工されたものも多い。あえて白黒にしたり、コントラストを強めたりするなど、見た目のインパクトを強める工夫がなされている。SNSでは、掲載された写真が実際の姿とは異なることが許容され、むしろ期待されてさえいる。普段の料理や食卓の風景を撮影したものであっても、非現実的な色にはしないまでも、陰影やコントラストの調整は、おいしそうに見せるために重要な表現手段となる。

ただ、食べ物を食べるよりも見るものとして楽しむことがより重要になると、メディアを通した食の視覚化は、食べること、さらには作ることを見えづらくする可能性も高い。例えば、SNSに掲載する写真を撮るために大量に料理を注文し食べ残すなど、罪悪感なく食べ物を無駄にすることにもつながりかねない。二〇一九年八月には、大阪のレストランで人数分以上の料理を注文した客が、大量の料理を前に写真だけ撮り、八割以上の料理を残して帰ったことが問題となった。こうした問題の根幹にあるのは、SNSの写真が、皿に盛られた華やかな姿という食の一部のみを切り取ったものだということだ。その裏には、家畜を育て、漁をし、米や野菜・果物を収穫し、それらの恵みを加工したり、市場に流通させたりという、多くの人々の仕事が関わっている。近年、「農場から食卓へ(farm to table)(ファーム・トゥ・テーブル)」という言葉が注目されているが、生産現場から流通・小売を経て消費者のもとに届くまでの過程は、たとえ「農場からスマホへ」と変わっても忘れてはいけない。

情動を引き出す食

なぜSNSなどで共有される写真では、見た目を「盛る」ための加工がなされ、見る人はそれをほぼ当然のように受け入れるのだろうか。そこには、SNSの写真が持つ役割が関係しているように思われる。ネットスーパーの写真と比べてみよう。先述の通り、ネットスーパーの写真は、食べ物(商品)を客に認識させるため(cognitive)のものである。そのためバナナは黄色く、トマトは赤い写真が、ある種の記号として挿入されるのだ。一方、SNSに投稿される写真は、見る者の情動を引き出すため(affective)のものではないだろうか。大盛りの料理や見た目が派手な食べ物などは、いわゆる「映える」ための写真として、色・見た目が作り出されている。自作料理の写真はどちらかというと「エモさ」[7]を追求したものが多いといえるかもしれない。手作りのケーキや食卓に並べられた数々の料理は、派手さや斬新さというよりも、「おいしそう」とか「こんな料理を作れるなんてすごい」、「自分も作ってみたい」といった、賞賛や羨望・憧れ、共感といった感情を見る者に与える。少なくとも、そうした感情を与えることを意図して投稿されることが多い。

もちろん写真に何が写っているかを認識させることは重要ではあるものの、自作の料理であれ、どこかの珍しい見た目の食べ物や大盛りの料理であれ、何かしらの感情(例えば面白い・楽しい・共感するなど)を抱かせることが、何の食べ物であるかということよりも優先される。ネットスーパーでバナナの欄にトマトの写真が掲載されていては問題だが、SNSの写真では、それがバナナであろうとトマトであろうと究極的にはどちらでもよく、どのように撮られているか、または加工されているかがより重要なのだ。

情動を引き出すことが主目的になったことで、ＳＮＳでは写真に写った食べ物の色を「自然な」色に寄せる必要がなくなった。そのため、全ての写真ではないにせよ、実物を忠実に再現する以外の方法、つまり多くの人が考える自然な色から逸脱した食べ物の見た目を作ることが可能となったのだ。例えば、ネットスーパーの写真ではありえないような、ピンク色のバナナや真っ白なトマトがＳＮＳのフィードに流れてくれば、それは映える写真として、見る人たちの目を引き、「いいね」がたくさんつく可能性が高い。

しかし、ここで重要なのは、ある色・見た目が逸脱であると認識するためには、何がオリジナルかを知っている必要があるということだ。トマトは赤い野菜だという認識がなければ、白いトマトを見て「面白い」「映える」写真だと感じることはないだろう。多くの人が、この食べ物の色はこうあるべきだという認識をある程度共有しているからこそ、こうした逸脱が生まれ、見る人の目を引き、食欲を刺激する(または減退させる)のだ。つまり、ネットスーパーもＳＮＳの画像も、本書で読み解いてきた一九世紀末以降の食べ物の色の構築の上に成り立つものであり、色の標準化や人工的に作られた自然な色という概念をある意味でより強固にするものだともいえる。前者は歴史の中で作られてきた自然な色を記号的に利用し、後者はそこからの逸脱を含めた表現という形で。

あとがき――感覚論的転回

私たちの生活は色で溢れている。雑誌のカラフルな写真や広告、テレビ、スマートフォンの画面、街を歩けば色鮮やかなショーウインドーや街頭ビジョンが通りを彩っている。こうしたいつも目にするモノや風景は、普段は気にも留まらないかもしれない。色は、視覚に訴えるもの・目で感じ取る(visible=見える)ものである反面、当たり前になり過ぎて意識からこぼれ落ちることもある。まして、どのようにその色が作られたのかや、なぜその色をしているのかという色の歴史的側面は、見えない(invisible)ことが多い。

食べ物の色もその一つである。食べ物を購入する時や食べる時に、熟し具合などを色で判断することはあっても、その色に疑問を持つことはないかもしれない。だが、本書でみてきたように、私たちが「当たり前」「自然」だと思う食べ物の色も、実は人工的操作や人為的意図――例えば、文化的価値観・技術的変化・政治的利害・企業のマーケティング戦略など――によって構築されてきた。

食べ物は、ただ単に栄養を摂取するためのものではない。味や見た目を含め、食は食べる人に喜びや楽しみを与えたり、人とのコミュニケーションを円滑にしたりもする。また、何を食べるか(食べられるか)という判断や何をおいしいと思うかは、個々人によるところももちろん大きいが、文化的な影響も多分に受けるものである。食の文化的重要性、また歴史的に作り出される食(料理および食べるという行為)の意味づけは、その時・その場所における社会によって変わるのだ。食べ物のおいしそうに見える色、自然に見える色が作られてきた歴史は、新たな視覚環境の誕生や消費資本主義の台頭、自然観の変化など、食を取り巻く文化的価値観がどのように生まれ、変化したのか、いかなる社会的要因によるものなのかを探るヒントを与えてくれるものだといえる。

文化や技術、政治的・経済的要因によって変化してきたのは食べ物の色だけではない。食べ物の色の画一化が進んだ一九世紀末は、様々な産業で商品開発や企業のマーケティング戦略における五感の重要性が認識され始めた時期でもある。例えば、合成香料など新たな技術開発で、化粧品の香りや肌触り、食品のフレーバーなどの研究が進んだ。それは、これまで主観的・身体的で、操作できないものと思われていた五感に対する考え方が根本的に変わったことも意味していた。近年では、ドラッグストアで目にする「フレッシュエア(新鮮な空気)」の香りの芳香剤や、ヒーリングミュージックに用いられる鳥のさえずりや川の流れの音を用いたBGMなど、五感に訴える、または作用する商品を通して、自然までもが人工的に作り出され(そして飼い慣らされ）、私たちの日常に溢れるようになった。

このような人工的に再現された自然やそれによって生み出された新しい五感経験、周辺環境の変化は私たちに何をもたらしたのだろうか。例えばそれは、森や林、川の流れを実際に見ることがなくなり、鳥のさえずりを聞かなくなった都市において、擬似的ではあるものの「自然」を感じ取りその情景を想像させてくれる。一方で、小川の近くに行かずとも聞こえてくるせせらぎや、季節や場所によって異なるはずの鳥の鳴き方や鳴き声は、スピーカーから流れる「音」となり、一年中どこで聞いても同じである。こうした時間的・空間的コンテクストから切り離された人工的自然は、かつて人々が感じ取っていた感覚—例えば第一章で触れた谷崎潤一郎が描いたような世界—とは異なるものである。こうした感覚世界の変化を読み解くことは、私たちの世界がいかに生まれ変化してきたのかを理解するための複数の視座を与えてくれる。

ここで重要なのは、失われた感覚や人工的自然を憂慮して過去の世界へ戻ろうとすることでは何も生み出さないということだ。過去に戻ることは現実的に不可能であるし、それが根本的な解決策にはならない。むしろ過去を理想化し神聖化する歴史観は、曲解した歴史理解にもつながりかねず、現代社会の理解を制限することにもなりうるだろう。

五感を通した人々の生活、そして社会の変化を理解しようとする試みは、特に一九九〇年代頃より、欧米の文化人類学者や歴史学者らを中心に「感覚史（英語では history of the senses または

sensory history)」という研究分野で行われてきた。本書は、この感覚史研究の実践を目指したものである。五感の歴史を探る旅を締めくくるにあたって、感覚の歴史研究のこれまでの変遷を少しだけ覗いてみよう。

第一章でも述べたように、感覚史研究者の多くは、五感の感じ方は個人の主観的で生物学的現象にとどまらず、社会的・文化的要因によっても規定されるという立場をとる。その先駆的役割を担ってきたのが、カナダ人文化人類学者デイヴィッド・ハウズとコンスタンス・クラッセンである。[1] 両者は、感覚(センス=sense)は、過去の人々がいかに自分たちの社会を理解(メイク・センス=make sense)していたかを深く分析するための有用なレンズになりうるとし、感覚を文化人類学や歴史研究の重要な分析枠組みの一つとして提示した。例えばクラッセンは、南米アマゾン地域の先住民族に関する研究で、西洋的視覚文化と異なる色の認識の仕方について論じた。またクラッセンは、ジェンダーの重要性に着目し、西洋思想の中で感覚に対する理解がいかにジェンダー観を反映したものであるかなど、幅広く著作を発表している。[2]

こうした感覚に焦点を当てた研究は、一九九〇年代に突如出現したわけではなく、それより以前からすでに存在していた。例えば、フランスの歴史家アラン・コルバンが一九八二年に発表した『においの歴史――嗅覚と社会的想像力』は、嗅覚に焦点を当てた社会史で、いかに一九世紀フランスにおいて、下水道の整備や公衆衛生の変化によって街の臭いが変化したのかを明らかにした[3]。『においの歴史』は、感覚に焦点を当てた歴史研究として感覚史研究を切り開いたものともいえる。コルバンは、フランスのアナール学派の歴史家であり、感覚の歴史は、当学派が提唱した「心性史」からの流れを汲むものでもある。

アメリカ人文化人類学者のスティーブン・フェルドは、一九八二年の著書『鳥になった少年――カルリ社会における音・神話・象徴』の中で、フィールド調査で訪れたパプアニューギニアの地域では、人々の生活の中でいかに音が重要な役割を果たしているかを明らかにした(例えば、音に関する言葉のバリエーションの多さや、それらがいかに日常生活で用いられているかなど)[4]。フェルドは、「アコーステモロジー(「アコースティック＝音」と「エピステモロジー＝認識論」を合わせた造語)」という言葉を用いて、聴覚と人々の周辺環境の認識との密接な関わりを分析し、後の感覚研究、特に音の歴史・文化研究に大きな影響を与えた。

社会史や文化人類学など様々な研究分野で個別に行われてきた研究を、一つの学際的な研究分野(感覚研究)として提示したのがハウズやクラッセンらであった。ハウズは、感覚を通して人間(時に非人間)社会を理解しようとする研究動向を「感覚論的転回」と呼び、二〇世紀初頭から後半にかけて起きた「言語論的転回」や「文化論的転回」のように、学術界の様々な研究分野における分析手法や対象・枠組みなどを根本的に見直す動きの一つとして位置づけている。

これら五感研究は、視覚優位の歴史観・研究史を見直そうとする動きとも関わっている。文化研究や美術史の分野では、「視覚文化」と呼ばれる絵画やその他視覚イメージなどに焦点を当てた研究領域があり、視覚は、感覚史研究の発展以前より、独立した分野として研究対象となってきた。また、歴史的に見ても、古代ギリシャの哲学者アリストテレスは、感覚の中で視覚が最も優位にあり、嗅覚が最も劣った感覚だと考えていた。この視覚優位の考え方はその後も西洋思想において受け継がれ、視覚は五感の中で最も優れた、または重要な感覚として位置づけられてきた。さらに、視覚性の変化は、人間社会や文明の近代化の象徴だともされる。例えば、前近代の社会は、音(文字ではなく語り・口頭伝承による社会)が中心の世界だったが、グーテンベルクによる活版印刷技術の発明により文字(=視覚)情報の伝達が飛躍的に発達し、視覚中心の世界へ変化したことが文明発展の鍵となったという考え方で、マーシャル・マクルーハンやウォルター・J・オングによる著作が知られている[5]。

視覚の優越性や視覚中心主義(ocularcentrism オキュラーセントリズム)に対し、必ずしも近代や文明の発展は視覚中心によるものではないとする議論や、視覚性が歴史的に変化してきたことも指摘されている。例えば、ミシェル・フーコーは、視覚中心主義が近代の特徴であるという議論は継承しつつ、視覚性がいかに変化してきたのか、特に技術的変化に基づいて分析している。一九七〇年代から八〇年代以降、視覚がいかに知識、パワー、倫理の問題と関連しているのかなど、視覚性を絶対視するのではなく、歴史的変化の中に位置づけその変化の過程を明らかにする研究も進められてきた。

こうした学説史および歴史的な視覚優位のパラダイムに対抗するものとして、その他の感覚にも目を向けた「感覚研究」が誕生したのである。視覚文化の研究など視覚に焦点を当てた研究においても、前述のように、視覚の優位性というよりは、いかに視覚性が歴史的に構築され、変化してきたのかに着目する研究が増えている。さらに、マーティン・ジェイの研究のように人々の見方（視点の置き方）がいかに変化してきたのかや、西洋中心的だったこれまでの視覚研究に対して、他の国・地域の研究を通した視覚と他の感覚との関係・連動性などにも目を向けた研究が注目を浴びるようにもなった。[6]「感覚論的転回」は依然としてメジャーな研究分野・枠組みとして認識されているとはいえないものの、その学際性や比較文化研究の可能性を含め、社会のより多面的で重層的な理解に有用となるのではないだろうか。

さらに今後、感覚の歴史を探究するにあたり、重要な手掛かりを与えてくれるであろうものの一つに、感情の歴史がある。この数十年ほど、「情動（または感情）研究」と呼ばれる分野に、自然科学・社会科学・人文学の諸領域から関心が寄せられているのだが、その中で感情を歴史的に考察しようとするのが感情の歴史である。本書で触れた五感と同じように、人が何をどう感じるか、そしてその感情をどのように表現・表出するかは、文化によって異なり、また時代によって変化するものだという立場をとる。怒りや喜び、嬉しさといった感情は、全ての人に共通のもののようでもあるが、いつ・なぜ怒りを感じるのか、そもそも怒りとはどういう感情なのかは、必ずしもユニバーサルなものではない。また、感情と感覚は密接な関係にあり、身体的な感覚刺激は何かしらの感情を生み出しもする。音楽を聴いて感動し涙を流したり、懐かしい匂いを嗅いで感傷的になったりという経験は多くの人にとって覚えがあるだろう。感覚や感情という人の根本的な身体体験や認知の多面的な探究の中に、過去に置き去りにされた五感が何だったのか、それを失った意味とは何なのかを考えるヒントが眠っているように思う。

現代社会を歴史の一部として俯瞰的にみることが、自分たちを取り巻く価値観・言説・技術と対峙し、「当たり前」の日常・「自明」に思える現象の政治性・社会性を批判的に捉える糸口になるのではないだろうか。連綿と続く時間の中での人々の営み、その中で人が何を感じ、何を思い、そして何をしたのか、ということを丁寧に掘り起こし読み解くことが、歴史家としての私の仕事だと思う。それは、日々複雑化し変化する社会の中で、私たちが生きる世界がどのように作られ、これからどうなろうとしているのかを考えることにもつながるだろう。未来は過去の積み重ねによって生まれるものだから。

注

第1章

1 谷崎潤一郎『陰翳礼讃』(中公文庫，1995年[1933年])．

2 夏目漱石『草枕』(新潮文庫，2005年[1906年])．

3 David Howes, ed., *Empire of the Senses: The Sensual Culture Reader* (New York: Berg, 2005).

4 Thomas K. McCraw and Richard S. Tedlow, "Henry Ford, Alfred Sloan, and the Three Phases of Marketing," in *Creating Modern Capitalism: How Entrepreneurs, Companies, and Countries Triumphed in Three Industrial Revolutions*, ed. Thomas K. McCraw (Cambridge, MA: Harvard University Press, 1995), 273.

5 英語の「エステティック(aesthetic)」は通常「美的な」と訳されるが，元来この語には「美」の意味だけでなく，五感を通した身体的刺激や認識という意味もある．ここでは美的なものだけでなく，より広い五感に訴えるものを意味するため「感覚」と訳す．

6 Steven Shapin, "The Sciences of Subjectivity," *Social Studies of Science* 42, no. 2 (January 2012): 170–184.

第2章

1 万有引力の法則で知られるニュートンは，光や色についても重要な研究業績を残している．その一つは，プリズムを用いた実験で，太陽光は七色の光が混ざったものであること，そして色によって光が屈折する角度が違うことを明らかにした．これら七色の光は帯状に並んでおり，これをスペクトルと名づけた．

2 Warren I. Susman, *Culture as History: The Transformation of American Society in the Twentieth Century* (Washington, DC: Smithsonian Institution Press, 2003), xxv.

3 Alfred P. Sloan, *My Years with General Motors* (Garden City, NY: Doubleday, 1964), 236.

4 "The New Age of Color," *Saturday Evening Post*, January 21, 1928, 22.

5 Matthew Luckiesh and Frank K. Moss, *The New Science of Lighting* (Cleveland: Nela Park Engineering Department, General Electric, 1934), 3–4, 29.

6 Matthew Luckiesh, *Light and Color in Advertising and Merchandising* (New York: D. Van Nostrand, 1923), 2.

7 Aloys John Maerz and Marshall Rea Paul, *A Dictionary of Color* (New York: McGraw-Hill Book, 1930).

8 ジョナサン・クレーリー『観察者の系譜――視覚空間の変容とモダニテ

ィ』遠藤知巳訳(以文社，2005 年)，47–48.
9 Uwe Spiekermann, "Redefining Food: The Standardization of Products and Production in Europe and the United States, 1880–1914," *History and Technology* 27, no. 1 (March 2011): 11–36.
10 Faber Birren, "Color Strategy in Advertising," *Printers' Ink Monthly* 18, no. 2 (February 1929): 40.
11 "Accurate Determination of Color Now Possible," *Food Industries* 1, no. 3 (December 1928): 137.
12 Simon Schama, "Perishable Commodities: Dutch Still-Life Painting and the 'Empire of Things,'" in *Consumption and the World of Goods*, ed. John Brewer and Roy Porter (New York: Routledge, 1993): 478–488.
13 ウィリアム・ヘンリー・フォックス・トルボット『自然の鉛筆』青山勝訳(赤々舎，2016 年).
14 北田暁大『広告の誕生——近代メディア文化の歴史社会学』(岩波現代文庫，2008 年).
15 Carl W. Dipman, ed., *The Modern Grocery Store* (New York: Progressive Grocer, 1931).

第 3 章

1 William F. Comply & Company, *Catalogue of Stock of Fresh Groceries* (Philadelphia: self-pub., 1874); Eldridge, Baker Company, *Wholesale Grocery Catalog* (1915), Warshaw Collection of Business Americana, Archives Center, National Museum of American History, Smithsonian Institution, Washington, DC(以下 NMAH).
2 Bernhard C. Hesse to Harvey W. Wiley, February 9, 1909, box 321, entry 8, Records of the Bureau of Agricultural and Industrial Chemistry, Record Group 97, National Archives, College Park, MD(以下 NACP).
3 Donna J. Wood, *Strategic Uses of Public Policy: Business and Government in the Progressive Era* (Marshfield, MA: Pitman, 1986).
4 Harvey Levenstein, *Paradox of Plenty: A Social History of Eating in Modern America,* rev. ed. (Berkeley: University of California Press, 2003), 109.
5 John R. Matchett, "The Development of New Foods," *Yearbook of Agriculture* (Washington, DC: Government Printing Office, 1959), 434, 436.
6 松本清張「紐」『黒い画集』(新潮文庫，1971 年).
7 野瀬泰申『眼で食べる日本人——食品サンプルはこうして生まれた』(旭屋出版，2002 年); 野瀬泰申『食品サンプルの誕生』(ちくま文庫，2017 年).

第 4 章

1 Mrs. D. A. Lincoln [Mary Johnson Lincoln], *Mrs. Lincoln's Boston Cook Book: What to Do and What Not to Do in Cooking* (Boston: Roberts Brothers,

1884).
2 Mel T. Cook, "The Banana," *Scientific American Supplement*, September 23, 1905, 24847.
3 ジャン・ボードリヤール『消費社会の神話と構造』今村仁司・塚原史訳(紀伊國屋書店, 1979年), 13.
4 "Fay Back from California, Says Florida Must Produce Brighter Fruit," *Citrus Industry* 7, no. 4 (April 1926): 28.
5 L. P. Kirkland, "The 'Color Added' Situation," *Proceedings of Florida State Horticultural Society* (以下 *FSHS*) 49 (1936): 103–104.
6 Earl W. Brown, "The Value of Exhibits in Advertising Florida and Its Fruits," *FSHS* 49 (1936): 80.
7 Florida Citrus Commission 広告, *New York Times Magazine*, March 15, 1936, 16.
8 Christine Frederick, *Seald Sweet Cook Book* (Tampa: Florida Citrus Exchange, n.d.), box 11, Product Cookbooks Collection, 1874–2007, Archives Center, NMAH.
9 Paul B. Dunbar to W. A. Bridgeman, April 21, 1933, box 349, entry 1001, Records of the Food and Drug Administration, Record Group 88, NACP.
10 Paul O. Nyhus, "Citrus Fruit Coloring by Ethylene Process Much Improved Lately," *Yearbook of Agriculture* (Washington, DC: Government Printing Office, 1932), 134.
11 J. R. Winston and R. W. Tilden, *The Coloring of Mature Citrus Fruits with Ethylene Gas* (Washington, DC: Government Printing Office, 1932).
12 Clementine Paddleford, "Growers Divided on Employing Color to Beautify the Orange," *New York Herald Tribune*, January 20, 1940, 8.
13 *Hearings on Problems of the Citrus-Fruit Industry, Day 4, Before a Subcomm. of the Comm. on Agriculture and Forestry*, 80th Cong., 2nd sess., 300 (1948) (以下 *1948 Hearings*) (statement of R. D. Keene, President of United Growers and Shippers Association and President of Winter Garden Canners Association).
14 *1948 Hearings, Day 1, 57* (statement of W. H. Cornett, Brandon, FL).
15 Deborah Fitzgerald, *Every Farm a Factory: The Industrial Ideal in American Agriculture* (New Haven, CT: Yale University Press, 2003).

第5章

1 Wells, Richardson 広告, *Chicago Dairy Produce* 23, no. 2 (1916): 17.
2 Hippolyte Mège-Mouriès, improvement in treating animal fats, US Patent 146,012, filed November 1, 1873, and issued December 30, 1873.
3 T. R. Pirtle, *A Handbook of Dairy Statistics* (Washington, DC: Government Printing Office, 1922); Siert F. Riepma, *Margarine in Western Europe* (Wash-

ington, DC: USDA, 1960); Katharine Snodgrass, *Margarine as a Butter Substitute* (Redwood City, CA: Stanford University Press, 1930), 181.

4 *Oleomargarine and Other Imitation Dairy Products: Hearings on Bills Relating to Oleomargarine Legislation, Before the Comm. on Agriculture*, 57th Cong., 1st sess., 76, 79 (1902) (statement of W. D. Hoard, Chairman of National Dairy Union).

5 James Sorenson, "Practical Butter Making," *Dairy Record* 15, no. 27 (December 1913): 27.

6 "The Farmer's Point of View," *Farmers Voice*, February 3, 1900, 133.

7 John F. Jelke Company, *How to Color Jelke High Grade Margarine for Your Own Family Table* (Chicago: self-pub., c. 1916).

第6章

1 Ernest Dichter, *Handbook of Consumer Motivations: The Psychology of the World of Objects* (New York: McGraw-Hill Book, 1964), 37.

2 Miss Leslie [Eliza Leslie], *Directions for Cookery, in Its Various Branches*, 10th ed. (Philadelphia: E. L. Carey & Hart, 1840), 35-36.

3 前掲書, 40, 248, 252, 339.

4 日本でもよく知られる『アンクル・トムの小屋』の著者ハリエット・ビーチャー・ストウは，キャサリン・ビーチャーの妹で，姉妹で女性の教育や権利拡大を訴え多くの著書も残した．

5 Catharine Beecher, *Miss Beecher's Domestic Receipt Book: Designed as a Supplement to Her Treatise on Domestic Economy*, 3rd ed. (New York: Harper, 1850), 172, 177.

6 チョーサー『完訳 カンタベリー物語(中)』桝井迪夫訳(岩波文庫，1995年)，310.

7 『レディース・ホーム・ジャーナル』は，1883年に創刊された女性誌で，1900年初頭までにその購読者数は100万人に達した．後述の『グッド・ハウスキーピング』も同時期の1885年創刊で，アメリカを代表する女性誌の一つであり，1910年には30万人にのぼる購読者数を誇った．これらは主に主婦層に向けた雑誌で，料理や美容・健康に関する記事の他，政治や経済など時事情報も提供した．家事に関する実践的な知識やスキルを女性たちに伝えると同時に，女性らしさや理想の女性像など当時のジェンダー観を提示するものでもあった．

8 Mary Barrett Brown, "Notes on European Cookery: Superior Cold Sweets," *Ladies' Home Journal*, August 1890, 21.

9 "Recipes Used in Preceding Menus," *Boston Cooking School Magazine*, August 1898, 95.

10 Charles H. King, *Cakes, Cake Decorations, and Desserts: A Manual for Housewives* (Philadelphia: Arnold, 1896), 40.

11 "The Cozy Corner," *Good Housekeeping*, July 7, 1888, 115.
12 Dorothy B. Marsh and Elizabeth J. Gillen, "The Bride's First Cake," *Good Housekeeping*, April 1950, 149.
13 Myrna Johnston, "Glamour Tricks with Cake Mix," *Better Homes and Gardens*, September 1953, 90.

第7章

1 Horace T. Herrick, "Food Colors Increase Attractiveness in Harmless Fashion," *Food Industries* 1, no. 14 (November 1929): 659.
2 「スーパーマーケット」の定義は時代とともに変化しており，一概に定義することが難しい．アメリカの食品小売業界団体であるスーパーマーケット協会(現フードマーケティング協会)によると，セルフサービスが普及し始めた1930年代には，スーパーマーケットは年間25万ドル以上の売り上げがあり，少なくとも加工食品と日用品売り場がセルフサービスである食料品店だと定義されていた．1951年には年間売上高が50万ドル以上の店に変更となり，その後何度かの改正を経て，現在では，年間200万ドル以上の売り上げがあり，肉，青果，加工食品，日用品売り場の全てを擁する店舗として定義されている．
3 "Trim Them Properly," *Progressive Grocer* 14, no. 2 (February 1935): 18.
4 Carl W. Dipman, ed., *The Modern Grocery Store* (New York: Progressive Grocer, 1931), 165.
5 "Give Produce Display Appetite Appeal," *Progressive Grocer* 14, no. 9 (September 1935): 44.
6 "Rubber Greens Give Color Contrast to Meats," *Meat Merchandising* 22, no. 3 (March 1946): 53; "A Successful Super Market," *Meat Merchandising* 22, no. 8 (August 1946): 86.
7 Shaw & Slavsky Inc. 広告, *Progressive Grocer* 27, no. 3 (March 1948): 49.
8 "Outshining Competition," *Meat Merchandising* 17, no. 8 (August 1941): 22–24.
9 Howard Ketcham, *Color Planning for Business and Industry* (New York: Harper and Brothers, 1958), 57.
10 Friedrich Refrigerators Inc. 広告, *Meat Merchandising* 22, no. 11 (November 1946): 13.
11 DuPont, *Cellophane: Modern Merchandising Aid* (Wilmington, DE: self-pub., 1928), Hagley Museum and Library, Wilmington, DE.

第8章

1 ウォーレン・J・ベラスコ『ナチュラルとヘルシー――アメリカ食品産業の変革』加藤信一郎訳(新宿書房，1993年)，187.
2 "Highlights of U.S. Food Retailing in 1954," *Facts in Food and Grocery Distri-*

bution (New York: Progressive Grocer, 1955), 6.
3 Adelle Davis, *Let's Eat Right to Keep Fit*, rev. ed. (1954; repr., New York: New American Library, 1970), 214.
4 Wade Greene, "Guru of the Organic Food Cult," *New York Times Magazine*, June 6, 1971, 30.
5 キュイジーヌ(cuisine)とは「料理」の意だが，カリフォルニアで始まったこのような料理に対する考え方や運動を指す場合もある.
6 Aaron Bobrow-Strain, *White Bread: A Social History of the Store-Bought Loaf* (Boston: Beacon Press, 2012), ix.
7 "Apo-Carotenal: A Potent Color," *Food Industries* 36, no. 5 (May 1964): 77.
8 William J. Stange Company 広告, *National Provisioner* 142, no. 22 (May 28, 1960): 37.
9 Kathleen Collins, *Watching What We Eat: The Evolution of Television Cooking Shows* (New York: Bloomsbury, 2009).
10 高田公理「情報化と食の文化」井上忠司編『講座食の文化第5巻　食の情報化』(味の素食の文化センター，1999年).

第9章

1 長瀬直人「拡大するEC市場における食品EC」『AFCフォーラム』2018年10月.
2 全国スーパーマーケット協会『スーパーマーケット白書　2018年版』.
3 全国スーパーマーケット協会『スーパーマーケット白書　2020年版』. 当調査のデータは，生協の宅配やネット通販を除いたものである.
4 アルヴィン・トフラー『第三の波』徳岡孝夫監訳(中公文庫，1982年).
5 大山顕『新写真論 スマホと顔』(ゲンロン叢書，2020年).
6 佐藤卓己『現代メディア史　新版』(岩波書店，2018年)，97.
7「エモい」という形容詞で使われることが多く，「感情を揺さぶるもの」という意味である.「感情的な」という意味の英語「エモーショナル(emotional)」が語源とされており，1980年代にすでに使われていた. 近年の流行は2007年前後からである.

あとがき

1 コンスタンス・クラッセン，デイヴィッド・ハウズ，アンソニー・シノット『アローマ――匂いの文化史』時田正博訳(筑摩書房，1997年); David Howes, ed., *The Varieties of Sensory Experience: A Sourcebook in the Anthropology of the Senses* (Toronto: University of Toronto Press, 1991).
2 Constance Classen, "McLuhan in the Rainforest: The Sensory Worlds of Oral Cultures," in David Howes, ed., *Empire of the Senses: The Sensual Culture Reader* (New York: Berg, 2005); Constance Classen, *The Color of Angels: Cosmology, Gender, and the Aesthetic Imagination* (New York: Routledge, 1998).

3 アラン・コルバン『においの歴史——嗅覚と社会的想像力』山田登世子・鹿島茂訳(藤原書店, 1990年).
4 スティーブン・フェルド『鳥になった少年——カルリ社会における音・神話・象徴』山口修・ト田隆嗣・山田陽一・藤田隆則訳(平凡社, 1988年).
5 ウォルター・J・オング『声の文化と文字の文化』林正寛・糟谷啓介・桜井直文訳(藤原書店, 1991年); マーシャル・マクルーハン『グーテンベルクの銀河系』高儀進訳(竹内書店, 1968年).
6 マーティン・ジェイ『うつむく眼——二〇世紀フランス思想における視覚の失墜』亀井大輔・神田大輔・青柳雅文・佐藤勇一・小林琢自・田邉正俊訳(法政大学出版局, 2017年).

久野 愛

東京大学大学院情報学環准教授．東京大学教養学部卒業，デラウエア大学歴史学研究科修了(Ph.D.，歴史学)．ハーバードビジネススクールにてポスドク研究員，京都大学大学院経済学研究科にて講師を務めたのち，2021年4月より現職．近著に『*Visualizing Taste: How Business Changed the Look of What You Eat*』(ハーバード大学出版局，2019年)．

視覚化する味覚
──食を彩る資本主義　　岩波新書(新赤版)1902

2021年11月19日　第1刷発行

著 者　久野 愛(ひさの あい)

発行者　坂本政謙

発行所　株式会社 岩波書店
〒101-8002 東京都千代田区一ツ橋2-5-5
案内 03-5210-4000　営業部 03-5210-4111
https://www.iwanami.co.jp/

新書編集部 03-5210-4054
https://www.iwanami.co.jp/sin/

印刷・三秀舎　カバー・半七印刷　製本・牧製本

ISBN 978-4-00-431902-3　　Printed in Japan

岩波新書新赤版一〇〇〇点に際して

ひとつの時代が終わったと言われて久しい。だが、その先にいかなる時代を展望するのか、私たちはその輪郭すら描きえていない。二〇世紀から持ち越した課題の多くは、未だ解決の緒を見つけることのできないままであり、二一世紀が新たに招きよせた問題も少なくない。グローバル資本主義の浸透、憎悪の連鎖、暴力の応酬——世界は混沌として深い不安の只中にある。

現代社会においては変化が常態となり、速さと新しさに絶対的な価値が与えられた。消費社会の深化と情報技術の革命は、種々の境界を無くし、人々の生活やコミュニケーションの様式を根底から変容させてきた。ライフスタイルは多様化し、一面では個人の生き方をそれぞれが選びとる時代が始まっている。同時に、新たな格差が生まれ、様々な次元での亀裂や分断が深まっている。社会や歴史に対する意識が揺らぎ、普遍的な理念に対する根本的な懐疑や、現実を変えることへの無力感がひそかに根を張りつつある。そして生きることに誰もが困難を覚える時代が到来している。

しかし、日常生活のそれぞれの場で、自由と民主主義を獲得し実践することを通じて、私たち自身がそうした閉塞を乗り超え、希望の時代の幕開けを告げてゆくことは不可能ではあるまい。そのために、いま求められていること——それは、個と個の間で開かれた対話を積み重ねながら、人間らしく生きることの条件について一人ひとりが粘り強く思考することではないか。その営みの糧となるものが、教養に外ならないと私たちは考える。歴史とは何か、よく生きるとはいかなることか、世界そして人間はどこへ向かうべきなのか——こうした根源的な問いとの格闘が、文化と知の厚みを作り出し、個人と社会を支える基盤としての教養となった。まさにそのような教養への道案内こそ、岩波新書が創刊以来、追求してきたことである。

岩波新書は、日中戦争下の一九三八年一一月に赤版として創刊された。創刊の辞は、道義の精神に則らない日本の行動を憂慮し、批判的精神と良心的行動の欠如を戒めつつ、現代人の現代的教養を刊行の目的とする、と謳っている。以後、青版、黄版、新赤版と装いを改めながら、合計二五〇〇点余りを世に問うてきた。そして、いままた新赤版が一〇〇〇点を迎えたのを機に、人間の理性と良心への信頼を再確認し、それに裏打ちされた文化を培っていく決意を込めて、新しい装丁のもとに再出発したいと思う。一冊一冊から吹き出す新風が一人でも多くの読者の許に届くこと、そして希望ある時代への想像力を豊かにかき立てることを切に願う。

（二〇〇六年四月）

岩波新書より

鳥獣害 動物たちと、どう向きあうか　祖田修
科学者と戦争　池内了
新しい幸福論　橘木俊詔
ブラックバイト 学生が危ない　今野晴貴
原発プロパガンダ　本間龍
ルポ 母子避難　吉田千亜
日本にとって沖縄とは何か　新崎盛暉
日本病 長期衰退のダイナミクス　金子勝・児玉龍彦
雇用身分社会　森岡孝二
生命保険とのつき合い方　出口治明
ルポ にっぽんのごみ　杉本裕明
鈴木さんにも分かるネットの未来　川上量生
地域に希望あり　大江正章
世論調査とは何だろうか　岩本裕
フォト・ストーリー 沖縄の70年　石川文洋
ルポ 保育崩壊　小林美希
多数決を疑う 社会的選択理論とは何か　坂井豊貴

アホウドリを追った日本人　平岡昭利
朝鮮と日本に生きる　金時鐘
被災弱者　岡田広行
農山村は消滅しない　小田切徳美
復興〈災害〉　塩崎賢明
「働くこと」を問い直す　山崎憲
原発と大津波 警告を葬った人々　添田孝史
縮小都市の挑戦　矢作弘
福島原発事故 被災者支援政策の欺瞞　日野行介
日本の年金　駒村康平
食と農でつなぐ 福島から　岩崎由美子・塩谷弘康
過労自殺〔第二版〕　川人博
金沢を歩く　山出保
ドキュメント 豪雨災害　稲泉連
ひとり親家庭　赤石千衣子
女のからだ フェミニズム以後　荻野美穂
〈老いがい〉の時代　天野正子
子どもの貧困Ⅱ　阿部彩

性と法律　角田由紀子
ヘイト・スピーチとは何か　師岡康子
生活保護から考える◆　稲葉剛
かつお節と日本人　宮内泰介・藤林泰
家事労働ハラスメント　竹信三恵子
福島原発事故 県民健康管理調査の闇　日野行介
電気料金はなぜ上がるのか　朝日新聞経済部
おとなが育つ条件　柏木惠子
在日外国人〔第三版〕　田中宏
まち再生の術語集　延藤安弘
震災日録 記憶を記録する　森まゆみ
原発をつくらせない人びと　山秋真
社会人の生き方　暉峻淑子
構造災 科学技術社会に潜む危機　松本三和夫
家族という意志　芹沢俊介
ルポ 良心と義務　田中伸尚
飯舘村は負けない　千葉悦子・松野光伸
夢よりも深い覚醒へ　大澤真幸

(2021.10)　◆は品切，電子書籍版あり．　(D2)

岩波新書より

3・11 複合被災◆　外岡秀俊
子どもの声を社会へ　桜井智恵子
就職とは何か　森岡孝二
日本のデザイン　原　研哉
ポジティヴ・アクション　辻村みよ子
脱原子力社会へ　長谷川公一
希望は絶望のど真ん中に　むのたけじ
福島 原発と人びと　広河隆一
アスベスト 広がる被害　大島秀利
原発を終わらせる　石橋克彦編
日本の食糧が危ない　中村靖彦
勲章 知られざる素顔　栗原俊雄
希望のつくり方　玄田有史
生き方の不平等◆　白波瀬佐和子
同性愛と異性愛　風間　孝・河口和也
贅沢の条件　山田登世子
新しい労働社会　濱口桂一郎
世代間連帯　上野千鶴子・辻元清美
道路をどうするか　五十嵐敬喜・小川明雄

子どもの貧困　阿部　彩
子どもへの性的虐待　森田ゆり
戦争絶滅へ、人間復活へ　むのたけじ・黒岩比佐子 聞き手
テレワーク 「未来型労働」の現実　佐藤彰男
反　貧　困　湯浅　誠
不可能性の時代　大澤真幸
地　域　の　力　大江正章
少子社会日本　山田昌弘
親米と反米　吉見俊哉
「悩み」の正体　香山リカ
変えてゆく勇気◆　上川あや
戦争で死ぬ、ということ　島本慈子
ルポ 改憲潮流　斎藤貴男
社会学入門　見田宗介
冠婚葬祭のひみつ　斎藤美奈子
少年事件に取り組む　藤原正範
悪役レスラーは笑う◆　森　達也
いまどきの「常識」　香山リカ
働きすぎの時代◆　森岡孝二

桜が創った「日本」　佐藤俊樹
生きる意味　上田紀行
ルポ 戦争協力拒否　吉田敏浩
社会起業家◆　斎藤　槙
ウォーター・ビジネス　中村靖彦
逆システム学◆　金子　勝・児玉龍彦
男女共同参画の時代　鹿嶋　敬
当事者主権　中西正司・上野千鶴子
豊かさの条件　暉峻淑子
クジラと日本人　大隅清治
人　生　案　内　落合恵子
若者の法則　香山リカ
自白の心理学　浜田寿美男
原発事故はなぜくりかえすのか　高木仁三郎
日本の近代化遺産　伊東　孝
証言 水俣病　栗原　彬編
日の丸・君が代の戦後史◆　田中伸尚
コンクリートが危ない　小林一輔

岩波新書より

経済

日本経済図説〔第五版〕　宮崎勇・本庄真・田谷禎三
好循環のまちづくり！　枝廣淳子
グローバル・タックス　諸富徹
世界経済図説〔第四版〕　宮崎勇・田谷禎三
日本経済30年史 バブルからアベノミクスまで　山家悠紀夫
行動経済学の使い方　大竹文雄
日本のマクロ経済政策　熊倉正修
ゲーム理論入門の入門　鎌田雄一郎
平成経済 衰退の本質　金子勝
幸福の増税論　井手英策
日本の税金〔第3版〕　三木義一
戦争体験と経営者　立石泰則
金融政策に未来はあるか　岩村充
データサイエンス入門　竹村彰通
経済数学入門の入門　田中久稔
地元経済を創りなおす　枝廣淳子

会計学の誕生　渡邉泉
偽りの経済政策　服部茂幸
ミクロ経済学入門の入門　坂井豊貴
経済学のすすめ　佐和隆光
ガルブレイス　伊東光晴
ユーロ危機とギリシャ反乱　田中素香
ポスト資本主義 科学・人間・社会の未来　広井良典
日本の納税者◆　三木義一
タックス・イーター　志賀櫻
コーポレート・ガバナンス◆　花崎正晴
グローバル経済史入門　杉山伸也
アベノミクスの終焉◆　服部茂幸
新・世界経済入門　西川潤
金融政策入門　湯本雅士
日本経済図説〔第四版〕　宮崎勇・本庄真・田谷禎三
新自由主義の帰結　服部茂幸
タックス・ヘイブン　志賀櫻
WTO 貿易自由化を超えて　中川淳司

日本財政 転換の指針　井手英策
成熟社会の経済学　小野善康
平成不況の本質　大瀧雅之
原発のコスト　大島堅一
次世代インターネットの経済学　依田高典
ユーロ 危機の中の統一通貨　田中素香
低炭素経済への道　諸富徹・浅岡美恵
「分かち合い」の経済学　神野直彦
グリーン資本主義　佐和隆光
消費税をどうするか　小此木潔
国際金融入門〔新版〕　岩田規久男
ビジネス・インサイト◆　石井淳蔵
金融商品とどうつき合うか　新保恵志
金融NPO　藤井良広
地域再生の条件　本間義人
経済データの読み方〔新版〕　鈴木正俊
格差社会 何が問題なのか　橘木俊詔

(2021.10)　◆は品切，電子書籍版あり．　(C1)

岩波新書/最新刊から

1893 **ユーゴスラヴィア現代史 新版** 柴 宜弘 著

ユーゴ解体から三〇年。あの紛争が突きつけた重い課題は、いまも私たちの前に立ちはだかっている。ロングセラーの全面改訂版。

1894 **ジョブ型雇用社会とは何か** ―正社員体制の矛盾と転機― 濱口桂一郎 著

「ジョブ型雇用」の名づけ親が、巷にはびこる誤解を正し、さらにこの概念を駆使して日本の様々な労働問題の深層へとメスを入れる。

1895 **ヒトラー** ―虚像の独裁者― 芝 健介 著

ナチス・ドイツ研究の第一人者が描く決定的評伝。生い立ちからホロコースト、死後の論争等をふまえ「ヒトラー神話」を解き明かす。

1896 **スペイン史10講** 立石博高 著

ヨーロッパとアフリカ、地中海と大西洋―四つの世界が出会う場として、個性あふれる歩みを刻してきたスペインの通史。

1897 **知的文章術入門** 黒木登志夫 著

論文執筆の指導・審査歴50年の著者がデジタル社会ならではの知的文章術、プレゼン術を指南。日本語事例は痛快、英語文例は実践的。

1898 **〈弱さ〉を〈強み〉に** ―突然複数の障がいをもった僕ができること― 天畠大輔 著

四肢マヒ、視覚・嚥下障がい、発話困難……。独自のコミュニケーション法を創り、二四時間介助、博士号取得、会社設立を実現。

1899 **最澄と徳一** 仏教史上最大の対決 師 茂樹 著

相容れない二人が交わした厖大な対話。彼らは何をどのように語り合ったか。真理を求める論争から描く、仏教史の新たな見取り図。

1900 **新型コロナと向き合う** ―「かかりつけ医」からの提言― 横倉義武 著

日医会長として初動の緊迫した半年間に新型コロナ感染症対応にあたった経験と、その後の知見を踏まえた、医療現場からの提言。

(2021. 11)